DIVAGATIONS
SUR LA FIN DES TEMPS

LE PHARE DE BALEINE, Gallimard, 1990.
MONSIEUR BEL CANTO, Gallimard, 1993.
LA NUIT D'OMBLEUSE, Grasset, 1997.
CUISINE BRUTE (avec Nicolas Le Bec), Flammarion, 2003.

JÉRÔME DUMOULIN

DIVAGATIONS
SUR LA FIN DES TEMPS

BERNARD GRASSET
PARIS

ISBN 978-2-246-77551-5

« Quatre les Éléments
Et les Angles de l'Homme
Et les Bois de la Croix
Et les Chevaux ultimes »

(Anonyme médiéval, in *Dits de l'An Mille*,
Ed. Armand Granit, Grabels, 1999)

Prologue

Je ne vous apprendrai rien. Vous savez tout, ou presque, et comment les choses ont commencé. Au ciel, comme il se doit. Je ne ferai ici que rappeler, relier, rabouter, afin de convaincre les amateurs de coïncidences qu'ils se rassurent à trop bon compte. Que le hasard n'est pour rien dans ce qui nous arrive. Qu'il ne sera pour rien dans ce qui nous pend au nez. Une « pensée » est à l'œuvre. Elle n'est ni amicale, ni même ironique. Elle est noire, hostile, implacable.

Un Ovide moderne se délecterait des métamorphoses en cours. Elles s'opèrent parfois sous nos yeux. Mais le plus souvent dans notre dos. Ou sous des latitudes lointaines. Dans des coins perdus de la Terre, au plus profond des océans, au cœur des jungles, dans des carrières ou des puits de mine abandonnés depuis des siècles, et encore sous les eaux paisibles qui reposent au creux d'anciens cratères, comme du lait dans un bol. En apparence.

Mais le pire, vous le devinez et déjà vous l'éprouvez, c'est ce qui bouge en nous. En l'homme. Ce qui change sans rime ni raison. Subrepticement. Avec une ardeur secrète et vicieuse. Jeter le gant à la chose qui n'a point de nom, ni de visage, à cette force serpentine, qui le fera ?

Donc, je montrerai comment les quatre éléments sont affectés, les règnes animal et végétal tourneboulés, les astres qui nous sont proches tremblants et dissonants dans le concert des sphères ; comment l'homme, enfin, découvre les maux étranges qui rongent ses sens, ses sens sans lesquels il ne serait plus que pantin et loque, juste bon pour la servitude, moins qu'une mule.

DES QUATRE ÉLÉMENTS

Horrenda nubes

Insulaires, les Britanniques ont toujours pris le temps qu'il fait au sérieux. Et plus encore le temps qu'il fera. Le 1er juin 2009, BBC Weather a cru devoir se faire l'écho d'une proposition de Gavin Pretor-Pinney, père fondateur de la *Cloud Appreciation Society* : celle de donner le nom de *asperatus* (du latin : farouche, terrible) à une nouvelle famille de nuages, à côté des cirrus, stratus et autres cumulus bien connus des marins. Au texte de Pretor-Pinney, la BBC avait joint la photographie de la ville américaine de Cedar Rapids (Iowa) sous un ciel qui ressemblait à une mer démontée, grande houle d'un gris sombre, striée de vagues écumantes et de creux d'un noir profond.

Un peintre, désireux de représenter le ciel à la veille du Déluge ou bien au jour du Jugement, ne trouverait pas de nuages plus expressifs que ces *asperatus*. On les a vus se former pour la première fois dans l'hémisphère Sud, au-dessus de la Nouvelle-Zélande et de l'Australie. Puis ils sont apparus dans les cieux des Etats américains du Middle West et enfin sur des régions réputées plus calmes et tempérées, telles la Californie ou l'Europe occidentale. Le lecteur curieux pourra se rendre sur le site de cette société savante, la *Cloud Appreciation Society*, dont le nom eût enchanté Baudelaire : il y découvrira des dizaines de photographies d'*asperatus*. Nuées grasses et tourmentées, et d'apparence si pesante, qu'on s'attend à les voir s'abattre sur les champs et les villes avec la violence du métal fracassé.

On en était encore, dans divers forums, à débattre du nom le plus approprié pour ces nuages nouveaux – *furiosus*, *furibondus*, *aestuosus* (qui donnait bien l'idée de l'agitation et du bouillonnement) ou encore le cicéronien *iracundius* (porté à la colère) – quand, pour la première fois, en août 2009, *asperatus* a frappé au cœur de l'*outback* australien, à une centaine de miles du fameux monolithe de grès rouge dit Ayers Rock, l'Uluru des Aborigènes. Le principal témoin, éleveur respecté dans la région, a décrit le phénomène avec précision en Une du quotidien *Alice Spring News* : « Soudain, quatre tubes se sont formés simultanément sous l'une des « vagues » les plus massives du nuage. On aurait dit une main géante : elle sortit brusquement d'un ciel d'encre, s'abattit sur la plaine, se saisit de son butin et remonta tout aussi vite en altitude. »

Il y a plus effroyable : les corps des quelque trente moutons, des deux bergers à cheval et des trois chiens qui ont été emportés dans les airs par cette « main du Diable » – « Devil's Hand », c'est ainsi que la quadruple tornade de l'*asperatus* a été aussitôt baptisée par les Australiens – ces êtres qui ont été aspirés par des vents tournoyant à près de 500 km/h (4 à 5 sur l'échelle de Fujita-Pearson), n'ont jamais été retrouvés. Comme si le nuage, pratiquant l'enlèvement, les avait séquestrés dans les replis les plus sombres de sa masse, avant de les recracher on ne sait où.

Il est difficile de mettre en doute la parole de ce témoin. La disparition des animaux et des deux hommes est avérée. En outre, cet effarant phénomène s'est reproduit, depuis, à trois reprises, à nouveau en Australie, puis en Argentine et aux Etats-Unis. Enfin, et la chose a fait les gros titres de la presse américaine, l'un de ces puissants bimoteurs spécialisés dans l'étude « sur le vif » des cyclones tropicaux a disparu corps et biens en pénétrant dans les vagues d'*asperatus*. Là encore, de manière incompréhensible, aucun débris n'a été retrouvé au sol. Pas une jambe, pas une tête, pas un moteur, pas une boîte noire, rien. *Asperatus* mérite bien un nom à part, un nom d'infamie. Les Londoniens ont pu le voir traverser lentement le ciel de la capitale, au printemps 2009. Ils avaient le nez en l'air et les yeux remplis d'effroi. *The Sun*, quotidien populaire, a fait une manchette qui dit bien les choses : « *Sick sky over London.* » Un ciel malade, en effet, des nuages déments, et qu'il faut craindre. C'est ainsi que l'air, la vapeur et les nuées prennent un fort mauvais tour.

Je dois maintenant vous entretenir de la Terre.

Cavus absolutus

Deux statues de la Liberté, l'une placée au-dessus de l'autre, y tiendraient sans peine. C'est le magazine *National Geographic*, bible des phénomènes naturels, qui l'affirme, croquis à l'appui. Cela donne une idée du gouffre qui s'est ouvert, en l'espace d'un instant, au cœur de Guatemala City, le 26 février 2007. Douze maisons de pauvres gens ont été précipitées dans l'abîme. Il y eut, bien sûr, des disparus. Ce qui étonna le plus les habitants de Ciudad Guatemala, c'est l'énormité de ce trou et sa perfection. Un orifice comme tracé au compas et, dans la profondeur du sol, un cylindre impeccable, aux parois lisses, qui s'enfonce vers le centre de la Terre comme une bouche d'enfer. Rien ne s'en échappe, sinon un grondement sourd et des exhalaisons méphitiques.

On a, pour ce genre d'effondrement brutal que les Américains ont baptisé *sinkhole collapse*, d'excellentes explications scientifiques : l'affouillement préalable d'un sol fragile (généralement des calcaires dits karstiques), par des veines d'eau souterraines qui minent la roche, l'effritent, la dissolvent, jusqu'au point de rupture où la « coupole » encore solide cède d'un coup, révélant un « puits » béant.

Loin de nous l'idée de contester l'expertise des géologues, de railler la majesté de leur vocabulaire (*diaclases* et *dolines*, *avens* et *fontis*), en un mot de sous-estimer ce qu'ils nomment *l'aléa karstique*, cette invisible menace qui faisait dire, il y a 150 ans, quand les moulins de la Butte Montmartre s'enfonçaient soudain dans ces trous qui semblaient malignement forés pour eux – et l'on voyait leurs ailes démantelées se dresser un instant à la verticale, comme les bras d'un homme qui se noie – « Paris est un gruyère ».

Mais voilà que ces trous terrestres se multiplient aujourd'hui, de par le monde, dans les endroits les plus improbables et les moins exposés, a priori, à ce risque-là. La Suisse, le Pérou andin, le Missouri, la France rurale, ont été les témoins les plus récents de *sinkhole collapses*, en plein champ ou en pleine ville. Des maisons, des tracteurs, des paysannes et leurs vaches, des cadres supérieurs, des jardiniers municipaux, une chapelle orthodoxe, que sais-je encore, ont ainsi basculé dans le néant de ces gouffres instantanés. Comme ceux-ci ont rarement la taille monumentale du trou guatémaltèque, que beaucoup d'entre eux se « contentent » d'avaler une camionnette, un chien perdu ou un couple de paisibles retraités, que d'autres encore n'ont fait qu'une sombre et bénigne ouverture dans un pré, ces affaires sont trop souvent cantonnées à la rubrique des faits divers ou bien se dissimulent, sur l'écran de la Toile, derrière le plaisant paravent de l'*insolite*.

Cependant, le travail de recension mené avec obstination par le Pr Arnold von Danwitz, à l'Einsteinturm de Potsdam, ne laisse pas d'inquiéter : le grand planisphère qui domine son bureau, situé juste sous la coupole de l'observatoire, est désormais piqué de plus d'un millier de punaises à tête rouge (trous avérés et documentés), pour la seule période 2000-2010. Et ce qui stupéfie, bien sûr, c'est la courbe temporelle, qui démontre l'accélération foudroyante du phénomène : « *Wer ist der Lochmacher ?* » – « Qui est le faiseur de trous ? » – c'est devenu la question lancinante que se pose, avec un sourire un peu forcé, le Pr von Danwitz, astrophysicien, deux fois lauréat du Prix Schrödinger.

Von Danwitz travaille sur des hypothèses très complexes d'anomalies gravitationnelles avec bouffées paroxystiques ou, de manière plus « exotique » encore, évoque la traversée, par notre planète, d'un essaim de trous noirs infinitésimaux qui pourrait s'étaler sur plusieurs années-lumière.

Quoi qu'il en soit, dans notre monde sublunaire, la sécurité des personnes et des biens est désormais menacée par un nouveau péril : le *Lochmacher*, qui s'attaque à la mince croûte terrestre sur laquelle se déroule notre fragile existence…

Je dois maintenant vous parler du feu : j'entends le feu naturel, c'est-à-dire la foudre qui, elle aussi, semble en proie à de vertigineuses variations.

Fulmen portentosa

De l'Empire State Building au Guinness World Records Exhibit Hall, il n'y a guère plus de 100 mètres. Si vous êtes à New York, un détour s'impose. Pour y voir un vieux chapeau. Celui de Roy Cleveland Sullivan, qui fut, des lustres durant, l'un des plus dévoués *rangers* du Parc national de Shenandoah, en Virginie. Entre 1942 et 1977, Roy, toujours par monts et par vaux, a été frappé par la foudre à sept reprises. Il a successivement été brûlé aux jambes, à l'épaule gauche, il a perdu l'ongle d'un gros orteil, ses sourcils ont cramé, ses cheveux ont pris feu, il a perdu connaissance, il a été éjecté de son camion, ses cheveux ont flambé une nouvelle fois, il s'est brisé une cheville. Le 25 juin 1977, il pêchait sur l'un des lacs du Parc : l'éclair l'a encore touché. Il a été hospitalisé avec de graves brûlures sur le torse et l'abdomen. Comme d'habitude, il a survécu. Le 28 décembre 1983, il s'est tiré une balle dans la tête : étrangement, il avait eu un « coup de foudre » pour une fille qui le repoussait...

L'histoire de Sullivan dit beaucoup de choses sur la foudre. Qu'elle n'épargne pas les hommes. Mais qu'ils survivent en grand nombre à ses assauts. Dans près de 90 % des cas. Non sans peine, hélas ! Un médecin a parlé avec lucidité du « désespoir des foudroyés » : les séquelles auditives, oculaires, motrices, neurologiques, sont le plus souvent graves. Les dépressions fréquentes et prolongées. Au XVIIIe siècle, après Benjamin Franklin, son cerf-volant et le para-foudre, on a fini par comprendre qu'il ne fallait plus sonner le tocsin dans les églises par les soirs d'orage : la corde était humide et les sonneurs mouraient foudroyés. On trouve encore, en 2010, des inconscients qui vont sous les arbres ou qui se tiennent debout en plein champ, contents du spectacle : sous le couvert, la foudre les pénètre par le flanc, et dans les labours, par la tête.

Selon la loi des probabilités, Sullivan avait une chance sur 22 suivi de 24 zéros d'être frappé sept fois. On le lui avait dit. A la fin, il croyait que la foudre relevait du surnaturel. En cela, il retrouvait les Grecs. Elle était le premier attribut de Zeus, qui l'avait héritée des Cyclopes. Il était Zeus *astrapeos* ou *keraunios* : celui qui porte la foudre. (Cette discipline de pointe qui soigne aujourd'hui les survivants de l'éclair a été baptisée *kéraunopathologie*.) Les Grecs avaient l'intuition que la foudre n'était pas *une*, qu'elle prenait, comme il convient à l'arme d'un dieu friand de métamorphoses, des postures diverses : aussi Zeus le foudroyant était-il *erigdoupos*, celui qui fomente l'orage, ou *brontaeos*, celui qui lance la foudre. L'éclair, avant de tuer entre ses mains, pouvait effrayer, tancer, punir. On connaît la foudre en boule, qui va porter son avertissement jusque dans l'intime des chaumières.

Au siècle dernier, on a vu décroître le nombre des foudroyés : les hommes avaient quitté la campagne, où ils étaient vulnérables, pour des villes hérissées de paratonnerres. C'était attendu. Ce qui l'est moins, c'est de voir la courbe s'inverser depuis dix ans. Les associations d'entraide, comme la *Lightning*

Strike and Electric Shock Survivors, sont débordées. On en parle encore assez peu, tant cette évolution contredit les idées reçues, mais on commence à comprendre le pourquoi des choses.

En premier lieu, les orages dantesques se multiplient. Lors d'un épisode récent dans le ciel de Sydney (l'Australie se rencontre très souvent dans cet ouvrage, parce qu'elle semble jouer le rôle d'un laboratoire cosmique), on dénombra un impact de foudre toutes les trente secondes pendant deux heures. Le décompte mondial annuel des impacts est passé en peu d'années de 30 à 50 millions. Les risques augmentent avec le nombre des coups. Mais il y a plus inquiétant. Il faut entrer ici dans les vues des savants. Les paramètres énergétiques de la foudre sont confondants : une tension électrique de 15 millions de volts, une température de 30 000 degrés, cinq fois celle de la surface du Soleil.

Par quel miracle, si l'on est touché, survit-on à cela ? Grâce au temps d'exposition, qui se compte en millièmes de seconde. (Tandis que le bricoleur du dimanche, les doigts collés dans la prise, est un homme mort.) Les plus grands dangers viendraient, d'une part, d'un allongement de la durée du coup de foudre et, d'autre part, d'une multiplication des éclairs les plus dangereux, ceux qui, pour des raisons électriques complexes, donnent à l'arrivée non pas un, mais plusieurs impacts. Nous y sommes : la foudre fait preuve, depuis peu d'années, d'une « agressivité » croissante. Et cela au moment même où une humanité largement urbanisée, oublieuse de sa toute-puissance, croit pouvoir l'approcher sans crainte, comme elle le fait au zoo avec les tigres du Bengale ou les varans de Komodo.

Pire encore, la foudre semble retrouver le chemin du sol, comme si elle se lassait de toutes ces belles pointes d'acier offertes à son appétit de métal. Et si elle frappe la terre non loin de vos pieds, malheur à vous : le courant pénètre le sol, s'y déploie un instant ; il se crée un « gradient de potentiel » très dangereux. Si vos pieds sont réunis, ce qui est rare, tout ira bien. S'ils sont séparés, ce qui est la règle quand on marche, vous risquez la mort. On a vu, ces dernières années, en Allemagne notamment, des équipes de football décimées sur le terrain, victimes de ce foudroiement indirect, dit par « *tension de pas* ». C'est par cette même raison que huit vaches au pré peuvent trépasser dans l'instant, comme en France, à Quarré-les-Tombes, dans l'Yonne, le 17 juillet 2009 : la sensible distance entre leurs pattes avant et leurs pattes arrière ne leur laisse aucune chance. La foudre ne devrait pas se laisser tomber dans l'herbe. Elle le fait de plus en plus.

En Inde, le 26 juin 2009, lors des orages qui préludent à la mousson, 35 personnes ont été tuées simultanément dans l'Etat de Bihar par ce type d'éclair. On devine ce qu'il adviendrait de nous, exposés aux orages quasi tropicaux qui se déchaînent désormais dans le ciel des capitales, si la foudre se précipitait sur les places, les esplanades, les jardins publics et, tout bonnement, sur les trottoirs et les chaussées. Eh bien, cela a commencé.

Un détail cruel ne trompe pas : en Amérique comme en Chine, au Royaume-Uni comme en Espagne, des étudiants en médecine grossissent actuellement les cours de kéranaupathologie. En France même, selon l'ancienne et légèrement nauséabonde tradition des Facultés, un vocabulaire de carabins surnomme déjà les traumas spécifiques des survivants du coup de foudre direct. C'est ainsi que les deux brûlures circulaires visibles aux points d'entrée et de sortie de la foudre sont appelées par ces jeunes gens les « cigarettes », les brûlures linéaires causées aux parties humides du corps, la « verge noire » et le « rouge aux lèvres », en fonction du sexe de la victime, les brûlures localisées dues à des objets métalliques portés à haute température, les « soleils » pour les pièces de monnaie, les « stigmates » pour les croix, les médailles miraculeuses et les anneaux de piercing, l'« Opinel » pour les canifs et autres couteaux suisses. On ne saurait mieux dire : les ravages de la foudre, qu'aucun étudiant en médecine n'aurait pu décrire il y a dix ans, ont désormais leur lexique parallèle.

On aura garde d'oublier la plus mystérieuse des traces du marquage kéraunique, celle que les internes ont baptisée le « tatouage » : les figures de Lichtenberg, du nom de ce grand homme des Lumières, gloire de l'université de Göttingen et introducteur du paratonnerre en Allemagne, qui découvrit, en 1777, ces curieux dessins en arborescence que laisse sur le torse des foudroyés le passage de l'éclair. Pour des raisons qui échappent encore aux physiciens, mais dans lesquelles ils soupçonnent des anomalies électromagnétiques d'une importance immense, les figures de Lichtenberg ont pris depuis peu des allures nouvelles : l'arborescence échevelée cède la place à une géométrie fractale et spiralée de plus en plus précise. Comment ne pas en éprouver un sentiment d'effroi ?

Etait-ce après la troisième « attaque », après la cinquième, après la sixième ? Roy Sullivan s'était dit « poursuivi », « harcelé », par la foudre. Mettez l'Homme à la place de Sullivan. Ce n'est pas réjouissant. Dans son anthologie de l'humour noir, André Breton faisait grand cas de cet aphorisme de Lichtenberg : « Potence avec paratonnerre. »

Il me reste à vous parler de l'eau, de la mer et des choses encore inconnues qui se trament sous les océans.

Vortex, *unda, fluctus*

Les îles sans colline, les estuaires, les prés salés, tout ce qui vivote à fleur d'eau s'en retourne à la mer. Les derniers rois du Pacifique se résignent à l'exil. On réclame au Bengale du bois de pilotis. Déjà, la Terre a fait son deuil de Tarawa, de Tuvalu, des plus minces Maldives. Où seront dans vingt ans, dans un siècle, la Conche des Baleines et l'embouchure du Gange, le Banc d'Arguin du Cap-Ferret, le Banc d'Arguin de Nouadhibou, les îles d'Aldabra et de Cosmoledo, l'île Madame et les îles du Désappointement ? Pauvres mangroves du Mékong, fragiles coraux de Sumatra, de peu d'avenir sous le soleil… Venise, qui régna sur les mers, se met derrière un mur, comme un vulgaire polder. Nous le savons tous : l'air chauffe, les eaux montent.

On veut parler ici de choses moins connues et qu'on explique à peine. Des tourbillons, d'abord. En orbite autour du globe, les satellites les voient et les comptent : petits points sombres, parce que froids, à la surface des océans. Ils se multiplient, depuis peu, comme les ocelles sur la peau des vieux léopards. De près, ils n'ont encore rien d'effrayant. Ce ne sont pas les gouffres mortels de Verne ou de Poe. Juste de grands cercles d'eau qui tournoient lentement sur eux-mêmes, creusent un peu la mer et la lissent : la houle familière ne franchit pas leur circonférence, elle s'en détourne étrangement, comme d'une aire interdite. En 2009, les Australiens en ont découvert deux, très vastes, à quelques milles du rivage de Sydney : les baigneurs s'étaient étonnés de la fraîcheur soudaine de l'eau ; des champions d'aviron, peu après, qui gagnaient la Tasmanie dans un huit, furent pris par les eaux tournantes et n'arrivèrent pas à s'en dépétrer. Il fallut leur venir en aide et l'on vit bien que les remorqueurs eux-mêmes étaient peu manœuvrants à l'intérieur du cercle : les pilotes perdaient leurs repères, car un courant circulaire n'est pas chose facile à contre-battre.

Tel Charybde d'antique mémoire, à l'entrée du détroit de Messine, côté Calabre, il apparaît que ces tourbillons ont une longue durée de vie, qu'ils s'installent pour des mois ou des années, sans bouger de l'endroit qui les a vus naître, brassant en apparence les mêmes eaux. Aussi certains ont-ils osé les comparer à la Grande Tache Rouge de Jupiter, vieille turbulence, multiséculaire. On avance qu'ils communiquent avec les grands fonds et qu'ils sont la cause de la remontée de plus en plus fréquente des calamars géants, comme celui qui faillit emporter *Géronimo*, le bateau d'Olivier de Kersauzon, en janvier 2003, au large de Gibraltar, ou encore celui qu'avait capturé le capitaine néo-zélandais John Bennett en février 2007, dans les eaux de la mer de Ross et qui mesurait dix mètres de long. Des animaux légendaires, jamais photographiés jusqu'alors.

Il est d'autres tourbillons nouveaux, bien plus petits (vortex minor), de vie brève, et plus violente aussi. Ils se forment en quelques secondes, font un entonnoir frangé d'écume et se comblent aussi vite qu'ils s'étaient creusés. S'ils n'étaient pas des « créatures » hauturières, s'ils s'égrenaient au long des plages comme les méduses en été, on aurait une hécatombe, car ils ont juste la taille d'un trou d'homme. Quelle force invisible, venue des profondeurs ou, qui sait, de l'air qui les surmonte, leur donne le branle ? Personne ne le sait encore. Mais s'il fallait les caractériser, on les dirait impulsifs, coléreux, mauvais. Les embarcations légères doivent les redouter comme la peste : ils en ont fait chavirer plus d'une, et noyé plus d'un. On lance aux malheureux des bouées, des cordages, mais si l'entonnoir est encore là, c'est peine perdue : ils y disparaissent aussi vite qu'un insecte dans la bonde d'un lavabo. Tout cela n'est rien encore. Il faut parler des vagues scélérates.

Ils n'auront de tombeau que la mer : leurs corps n'ont jamais été retrouvés. Les trois gardiens du phare des îles Flannan, au nord de l'Ecosse, disparus le 15 décembre 1900. Les passagers du *SS Waratah*, steamer de luxe, perdu corps et biens au large de Durban, en juillet 1909. Les marins du caboteur *SS Edmund Fitzgerald*, qui fit naufrage sur le Lac supérieur, en route vers le Canada, le 10 novembre 1975. Ceux du minéralier norvégien *Berge Istra*, un géant de 227 000 tonnes, évanoui dans le Pacifique, au large des Philippines, un mois plus tard. L'équipage du *SS München*, un porte-containers quasiment neuf, disparu sans laisser de trace au milieu de l'Atlantique, le 12 décembre 1978...

On pourrait ainsi continuer, jusqu'à aujourd'hui. Ce qui relie ces morts sans sépulture, c'est ce qui les a tués. On n'a plus guère de doute sur la coupable ; une coupable dont l'existence ne fut vraiment reconnue qu'à la fin du siècle dernier ; une coupable jusque-là ravalée au rang des légendes, à peine moins fantomatique que le *Hollandais Volant*... Et pourtant, cette tueuse qui hante les océans depuis toujours, et qui massacre plus que jamais, combien de marins, combien de capitaines, ayant par miracle survécu à ses assauts, l'ont décrite, ogresse surgie de nulle part, dressée comme une muraille bouchant le ciel, sans rondeur, sans feston d'écume, sombre, silencieuse, et précédée d'un fossé vertigineux où le navire plonge et s'enfonce, avant de recevoir, sur ses œuvres vives, tout ce grand morceau de mer pierreuse et verticale, tout le poids de cette machine de guerre. Jusqu'à 100 tonnes par m². Près de 10 fois la capacité d'« encaissement » des navires actuels.

En septembre 1995, alors qu'il faisait route

vers New York, le *Queen Elizabeth 2*, le dernier des grands *ocean liners*, (70 000 tonnes, 300 mètres de long), rencontra la tueuse : un mur de 30 mètres de haut, la taille d'un immeuble de dix étages. « J'avais l'impression, déclara le commandant Ron Warwick, de courir tout droit vers les falaises de Douvres. » Le $Q2$ échappa de peu au naufrage. Aux premières heures de cette même année, le personnel de la plate-forme pétrolière *Draupner*, érigée en mer du Nord, face à la Norvège, réveillonnait, quand la structure fut prise d'assaut par une vague de 26 mètres de haut. Pour une fois, tous les paramètres étaient disponibles : les études sérieuses commencèrent.

Longtemps, les Français l'ont appelée « vague centenaire », ne croyant pas qu'une telle « chose » pût s'élever au-dessus des flots plus d'une fois par siècle, et seulement dans une improbable conjonction de vent, de marée, de courant. Ayant enfin reconnu la tueuse en action, par tous les temps, par toutes les mers, et jusque sur les grands lacs, ils l'ont baptisée vague « scélérate ». Les Anglais et les Américains, qui la soupçonnaient davantage, lui ont donné deux noms qui lui conviennent mieux :

« *freak wave* », où se mêlent les idées de bizarrerie, d'anormalité, de monstruosité, de folie, et « *rogue wave* », qui combine – du mauvais au pire – les idées de vagabondage inquiétant, d'imprévisibilité risquée, de volonté destructrice, de conduite terrifiante. « *A rogue elephant* » est ainsi défini comme un « animal solitaire et dangereux ».

L'intention scélérate, on croirait parfois la voir à l'œuvre : le 4 novembre 2000, c'est le *Ballena*, un navire de recherche de la *National Oceanic and Atmospheric Administration*, en mission au large de la Californie, par beau temps et mer calme, qui est touché, de travers, par une « *rogue wave* » de 6 mètres de haut : le navire sombre aussitôt. L'équipage survit miraculeusement.

Les satellites, qui mesurent aujourd'hui les variations de hauteur à la surface des mers, au centimètre près, et photographient en continu les trains de vagues, secondés par l'immense réseau des bouées houlographiques ancrées au large de tous les continents, ont livré un sombre verdict : « venues de nulle part », les *rogue waves* – que les calculs de probabilités classiques donnaient comme rarissimes – surgissent en permanence au sein de toutes les mers du monde, y compris dans des zones peu profondes, murs d'eau de 15 à 30 mètres de haut et de quelques centaines de mètres de long.

Du coup, mathématiciens et physiciens se sont aventurés sur des chemins inattendus, puisque l'on sort du déterminisme pour entrer dans la *stochastique* : le royaume de l'aléatoire, des situations instables, de la turbulence chaotique. Pour certains, il convient de faire appel à la physique quantique et au concept d'« émergence » pour comprendre comment une vague « aspire » soudain la vague qui la précède et celle qui la suit pour bâtir cette muraille monstrueuse.

Le professeur Wolfgang Rosenthal, l'océanographe qui a dirigé le programme européen MaxWave, estime qu'à tout instant dix *rogue waves* géantes parcourent les mers du globe. Il leur arrive, en de rares occasions, d'opérer à trois. Les marins le savaient depuis longtemps. On ne les croyait pas. Ce qui soude ceux qui ont survécu aux attaques des « Trois Sœurs » – c'est ainsi qu'ils les nommaient et ces mots sont restés – ce n'est pas une vaine gloire, c'est l'indicible effroi.

Imaginons un méthanier de 125 000 tonnes, *le Bételgeuse*, battant pavillon chypriote et portant quatre sphères d'aluminium de type Moss, contenant chacune 150 000 m^3 de gaz naturel liquéfié. En provenance du port algérien de Skikda, qu'il a quitté il y a une dizaine de jours, il est à l'approche de la baie de Boston. La mer est agitée, sans plus. Il est cinq heures du matin. La nuit est encore très sombre. Soudain, le commandant distingue vaguement, venant droit sur lui, une masse immense, plus noire encore que le ciel. Il n'a pas encore donné l'alerte que le navire géant, avec ses quatre sphères qu'il porte comme de jeunes planètes à demi enchâssées dans la gangue de sa coque, plonge dans le *trough*, ce ravin à la pente abrupte qui précède la vague scélérate et que l'obscurité a caché aux marins jusqu'au dernier instant. Tandis que le navire, après deux minutes d'une folle descente, « reprend son souffle » au fond du creux, le mur d'eau de 35 mètres s'abat d'un coup sur la proue du *Bételgeuse*.

Les choses, ensuite, se compteraient en centièmes de seconde : éventration de la première sphère, mise à feu du gaz par les nuées d'étincelles créées par la rupture brutale des parties métalliques, explosion en chaîne des trois autres sphères, destruction totale du navire, combustion des corps, création d'une onde de choc et d'une onde de chaleur, vaporisation instantanée de millions de litres d'eau, dévastation totale du grand cordon littoral du *Cape Cod National Seashore*, incendie de la plupart des bâtiments entre Barnstable Town au sud et Provincetown au nord, phénomène de vitrification des plages, suivis d'une pluie de grêlons monstrueux. La lueur de l'explosion serait visible jusqu'à New York. Grâce à la faible densité de population et à la saison hivernale, on ne décompterait qu'un millier de victimes environ… Ainsi les scénarios bâtis pour des hypothèses d'attentats majeurs sont-ils aujourd'hui revus et corrigés pour tenir compte des *rogue waves* et de l'habitude qu'elles ont prise de faire mentir tous les calculs de probabilité.

Qui ne garde en mémoire le refrain sacré des Anglais : « *Rule, Britannia ! Britannia, rule the waves !* » Cette exhortation à régner sur les vagues sonne étrangement aujourd'hui. Car les scélérates, à l'affût jusque dans les « golfes clairs », voudraient nous interdire l'océan. On leur opposera la devise de Pompée, inscrite en lettres d'or au port de Barcelone et qui fut celle des villes hanséatiques : « *Navigare necesse est, vivere non necesse.* »

DE LA FAUNE ET DE LA FLORE

Meminit dromaïus

Quoique les bouleversements atmosphériques qui affectent notre globe nous conduisent à peindre un avenir plutôt sombre, il est d'autres métamorphoses dont nous pourrions presque rire, pendant qu'il est encore temps. Après avoir parlé des quatre éléments et des forces obscures qui les travaillent du dedans, nous voudrions, sinon dissiper l'inquiétude du lecteur, du moins l'en détourner un moment, par la grâce des animaux.

On sait assez peu de chose, en Europe, du plus grand oiseau du monde après l'autruche, l'émeu. Il est pourtant fort connu aux Amériques, et plus encore en Australie, son pays d'origine, qui le porte sur ses armes. Il y figure face au kangourou. Deux coureurs de fond pour l'île-continent. « Rien dans la tête, tout dans les pattes », diraient les méchants. Ce serait très exagéré. Il paraît que ni le marsupial, ni le ratite – on appelle ainsi les oiseaux qui ne volent pas, comme le kiwi, l'autruche ou l'émeu – ne peuvent reculer. D'où la devise qui ornait jadis ce blason : « Avance Australie. » On a finalement supprimé la formule, qui sentait un peu trop la chiourme.

A l'époque du Pléistocène, qui a duré de deux millions d'années à dix mille ans avant notre ère, époque qui a connu les dernières grandes glaciations, l'âge d'or des mammouths et l'apparition d'*Homo erectus*, le ciel et la terre étaient encore parcourus par de très grands oiseaux : s'ils avaient pu les voir, même les plus farouches créationnistes à chapeau texan auraient compris que du sang de dinosaure coulait dans les veines de ces oiseaux-là. Il y avait, par exemple, le *Teratornis Incredibilis*, une sorte de grand condor californien à bec incurvé : il nichait dans ces collines qui s'appelleraient quelque 500 000 ans plus tard Beverly Hills. Il avait six mètres d'envergure, soit la taille d'un petit avion de tourisme, et n'hésitait sûrement pas à piquer sur les premiers hommes. En Australie, le ratite *Dromornis Stirtoni* mesurait trois mètres de haut, pesait une demi-tonne et courait sans doute deux fois plus vite que *l'Homo erectus*. Il possédait un bec massif qui laisse à penser qu'il ne se nourrissait pas seulement de criquets, de lombrics et de petit mil. Il figure sur les murs des cavernes avec les tigres à dents de sabre.

L'émeu, de son nom savant *dromaïus novaehollandiae* (c'est-à-dire « coureur de la Nouvelle-Hollande »), a gardé de son grand ancêtre une taille imposante – deux mètres à la calotte – et des pattes à trois griffes, gainées d'un cuir de labeur, où se concentre toute la puissance qu'il n'a point dans ses ailes. A la course, c'est un athlète de haut niveau, doué pour l'endurance tout autant que pour la vitesse. Comme son ancêtre encore, il avale de gros cailloux qui vont se loger dans son gésier et broyer sa nourriture, telles des meules. Au bout de quelques années, ces cailloux sont devenus aussi lisses que des galets : on les appelle *gastrolithes* ou « pierres d'estomac ». Emu, l'émeu émet un son ronflant qui porte à deux kilomètres, grâce à une sorte de sac à vent qui n'est pas sans rappeler celui des cornemuses, et qu'on appelle la *poche gulaire*. On pense aujourd'hui que les dinosaures, il y a

100 millions d'années, communiquaient ainsi, sur de grandes distances. Le corps de l'émeu est recouvert d'une masse énorme et désordonnée de plumes beige à bout noir. De loin, on dirait que les jeunes émeus portent sur le dos une paillote corse et les vieux, une chaumière normande. Dans la nature, un émeu vit trente ans : c'est beaucoup moins qu'un éléphant, mais beaucoup plus qu'un chien.

Les Australiens, sachant que l'émeu ne se trouvait nulle part ailleurs, avaient pour lui plus d'amour que les Français pour le coq. Ils ne voulaient pas que l'oiseau franchît les océans et se rassuraient fort de le savoir sans ailes. S'embarquer pour l'outre-mer avec un œuf d'émeu était punissable à l'égal d'une haute trahison.

Cet interdit fut tourné. L'émeu ne vola jamais. Mais on vola ses œufs. Il y eut à fond de cale, sous des peaux de mouton, des couveuses clandestines. A destination du Rio de la Plata et du Golfe du Mexique. Par appât du gain. Car l'émeu est en vérité une poule aux œufs d'or. Sacrifié à deux ans, un jeune émeu donne quinze kilos de viande sans cholestérol, aussi goûteuse que le bœuf de Kobé, cinq litres d'huile miraculeuse, capable de soigner toutes sortes de maux, comme les rides ou le psoriasis, un mètre cube de plumes de première qualité pour les écuyères, les majorettes ou les modistes, et des cuirs d'un grain sans pareil.

Quant à l'œuf lui-même, à peine moins gros que celui de l'autruche, il possède une coquille à sept couches, qui va de l'émeraude foncée au blanc rosé, en passant par toutes les nuances du jade : il se prête ainsi aux fantaisies du graveur, dont le burin fait apparaître la forêt ou la montagne, le ciel ou la mer, au gré de sa Muse.

A la fin du siècle dernier, l'Amérique agricole, du Texas au Dakota du Nord, se rua sur l'émeu. Des dizaines d'*emu ranchers* vendirent des « poussins » à des centaines de futurs *emu ranchers*. On compta bientôt, sous la bannière étoilée, des milliers de fermes avicoles et des millions d'émeus. Mais au pays de l'aigle chauve et du *Tbone steak*, l'oiseau coureur d'Australie ne fit pas recette. Un couple de reproducteurs qui se vendait 20 000 dollars en 1990 ne trouve plus preneur aujourd'hui à 200 ! « J'avais un millier d'oiseaux il y a dix ans, dit un éleveur du Dakota, j'en ai gardé cinq comme animaux de compagnie ! »

C'est alors qu'au milieu de cette déconfiture générale, Randall Lee qui, faute de clients parmi les bouchers, avait transformé son ranch californien en gîte rural et prenait soin de ses émeus comme de bêtes à concours, remarqua une chose qui lui redonna espoir.

Les grands oiseaux grandissaient encore ! Mais d'abord, il convient de dire que les émeus n'ont rien du caractère « bête et méchant » de leur cousine l'autruche. Tout au rebours, ils se montrent attentifs, curieux, amicaux, et les visiteurs des *ranches* les trouvent « très hospitaliers ». La vie des émeus est un spectacle : la femelle pond ses œufs comme une reine, en se tortillant avec l'air de ne pas y toucher, sur le vaste lit de branchage que lui a préparé le mâle. Après quoi, terminé. Monsieur, tremblant, transi, soumis, s'installe sur les œufs de Madame, l'air triste comme un jour sans pain. C'est le cas de le dire : il reste ainsi pendant 56 jours, soit deux lunaisons, sans boire ni manger. Pas une goutte, pas une miette : il maigrit à vue d'œil, avec la feinte indifférence d'un adolescent anorexique, tandis que Madame fait son marché et se goinfre. Quand les petits brisent leur coquille, c'est encore lui qui va se charger de leur éducation. Il ne fera pourtant aucune entorse à sa monogamie. Les exemples d'un matriarcat aussi féroce sont rares dans la nature.

Donc, Randall Lee avait noté que ses émeus, entre 2004 et 2010, s'étaient poussés du col de près de cinq centimètres par an. C'était énorme. Apparemment, on ne constatait rien de semblable dans les autres ranches. Ni aux Etats-Unis, ni en Argentine, ni en Australie. A ce rythme-là, ses émeus, avant dix ans, retrouveraient les mensurations de *Dromornis Stirtoni*. Car tout bougeait de conserve : croissaient aussi le diamètre des pattes, la taille des griffes, de la tête, du bec… La poche gulaire elle-même semblait émettre des sons plus puissants, dont les basses fréquences étaient devenues une cause d'émerveillement pour les ingénieurs du son des grands studios hollywoodiens. Les œufs avaient dépassé en volume ceux de l'autruche. On eût dit que *Dromaïus* entrait dans l'avenir à reculons, comme obsédé par le souvenir de *Dromornis*…

« *DNA Mystery at Emu Ranch* », pouvait-on lire à la Une du *San Francisco Chronicle*. Le *Los Angeles Times*, qui avait de bonnes antennes au sein de la communauté scientifique, fit un titre plus alarmiste : « *Stunning size change among Californian emus sends chivers to universities labs.* » « Une modification spectaculaire de la taille de certains émeus californiens suscite l'inquiétude dans les laboratoires de recherche. » Putatif Prix Nobel, Jimmy « Leo » Spiegel, star du *Development Biology Program* de Stanford University, mit sur pied, en quelques semaines, le WAMS, le *Worldwide Animals Measurements Survey*, afin de détecter tout accroissement atypique de la taille des animaux à travers le monde.

Certains scientifiques firent remarquer que les hommes en général, et les Hollandais en particulier, avaient beaucoup grandi entre le début et la fin du XXe siècle, sur quatre générations seulement, sans que personne ne s'alarme. Les émeus de la San Geronimo Valley avaient sans doute bénéficié, comme les hommes avant eux, des progrès de la diététique et leur « potentiel » physique tendait naturellement vers ses limites supérieures. Mais ce raisonnement ne tenait pas la route. L'homme, en grandissant, n'était nullement retourné en arrière : on ne l'avait pas vu se couvrir de poils, son coccyx n'avait point repris le chemin d'une queue, ses ongles n'avaient pas recouvré la dureté des griffes. Tandis que les grands oiseaux coureurs de Randall Lee semblaient se précipiter vers le Pléistocène. Bien qu'ils n'aient montré jusqu'ici aucune agressivité, le risque d'un changement dans leurs préférences alimentaires conduisit Lee à les cantonner à plus grande distance des visiteurs. A vrai dire, leur taille et leur poids, qui les inscrivent dans le club de la « mégafaune », la puissance de leurs pattes, la masse qu'ils représentent lorsqu'ils sont lancés au maximum de leur vitesse (plus de 40 kilomètres à l'heure) suffisaient à justifier cette mesure de prudence.

Randall Lee vit débarquer dans son ranch de Marin County tous les « bricoleurs du vivant » : ceux qui rêvaient de faire renaître demain le mammouth à partir du décryptage de son ADN, parfaitement conservé dans la moëlle des mastodontes congelés de la péninsule sibérienne de Taymir. L'écologiste Josh Donlan, qui avait fait beaucoup de bruit en 2005, en lançant son concept de *Pleisto-cene Rewilding*, de « réensauvagement » du territoire américain par l'importation massive d'éléphants, de léopards et d'antilopes, aux-quels il réservait d'office une bonne part des grandes plaines du Middle West. Et bien sûr tous les champions universitaires du clonage, qui voyaient la brebis Dolly comme une petite chose antédiluvienne, tout occupés qu'ils étaient par le « genetic design » et par les mer-veilleuses chimères qu'ils créaient chaque jour dans leurs éprouvettes – tels le rhinoval, la moîtruche ou le crocotame – avant de les enfourner à regret dans l'incinérateur, comme la loi leur en faisait obligation.

Il y eut une journée mémorable. Lee avait fait dresser une tribune de rondins en bordure d'une majestueuse allée coupe-feu de la forêt de San Geronimo, au nord de son ranch. Géné-ticiens, neurologues, exobiologistes, éleveurs australiens, cinéastes, sénateurs et gouver-neurs, se serraient en silence sur les gradins, environnés d'un léger brouillard matinal. A un demi-mille sur leur gauche, une trentaine d'oiseaux géants, parqués derrière les barrières blanches d'un corral, faisaient entendre les bassons désaccordés de leur poche gulaire, étranges « cors au fond des bois », « concert jurassique », comme le fit remarquer un grand nom des studios. A un demi-mille sur leur droite, juché sur un podium et quelque peu dissimulé par des écharpes de brume, Randall Lee – qui s'était inspiré des fameuses méthodes d'imprégnation de Konrad Lorentz – appela ses oiseaux d'un long cri grave et plein de douceur, qui ressemblait à l'« oum » des moines bouddhistes. On ouvrit les portes du corral et la troupe des émeus s'élança dans les hautes herbes du coupe-feu avec une effrayante impétuosité : les oiseaux passèrent devant la tribune à la vitesse d'un cheval au galop, la tête droite, le bec tel un obus, les plumes bises aux reflets métalliques plaquées par le vent de la course, les terribles pattes gainées de cuir noir martelant le sol, les trois griffes, enfin, soulevant des mottes de terre qui jaillissaient derrière eux comme des boulets de catapulte, tandis que les poches gulaires émettaient un grondement sourd et continu, dont les basses fréquences résonnaient sous le crâne des invités, lancinantes.

Ce que les hôtes de Randall Lee virent alors et

qui les laissa sans voix, remplis d'un sentiment d'effroi venu du fond des âges en même temps que d'une joie presque enfantine, c'était, à quelques détails près, les *Dromornis*, ces oiseaux géants de la Préhistoire, ceux qu'avaient chassés avec leurs frondes et leurs javelots les premiers *Sapiens*, au cœur de la savane australienne, il y a de cela 50 000 ans. A l'évidence, les émeus de la San Geronimo Valley ouvraient, pour le meilleur ou pour le pire, un nouveau chapitre de l'évolution.

Littus acerbissimum

On oublie. On veut oublier. Ces corps convulsés, par centaines, sur le rivage de Gênes, en ce beau dimanche du 17 juillet 2005. Ces femmes prises de vomissements jusqu'au cœur de la ville. Ces hommes titubant, ces enfants suffoquant, au pied de la Lanterna di Zena – le vieux phare qui veille sur la ville depuis la Renaissance –, et cette mer Ligure, revêtue nuitamment, telle une veuve, d'un voile sombre qui avait au toucher la consistance de la morve.

Le lundi 18, les choses avaient encore empiré. *Nova Genova* titrait en Une : « *Fame d'aria sulla spiaggia* », « Faim d'air sur la plage », poétique expression de la langue italienne pour évoquer le plus terrible des troubles respiratoires : la *dyspnée aiguë*, la sensation d'étouffement, l'incapacité à respirer, qui laissent augurer une mort imminente. Du moins la cause de ces maux, dont on avait discerné les signes avant-coureurs au début du siècle, sur les côtes de l'Emilie-Romagne, de la Toscane et des Pouilles, était-elle nommée et le doute aboli : *Ostreopsis ovata*, algue microscopique de la dangereuse famille des *dinoflagellés benthiques*, jusque-là plus familière des mers du Sud et de l'archipel des Ryukyu.

Mais ce qui avait, cette fois, créé l'émoi jusque dans les centres de recherche du Nouveau Monde, c'était que plagistes et baigneurs n'avaient pas été les seules victimes, loin de là : elles étaient plus nombreuses encore sur les quais, les avenues du bord de mer et les belles rues bordées de palais qui remontaient des darses vers le centre de la cité. Quelques jours plus tard, on pouvait lire dans le bulletin de l'Ifremer, l'Institut français de recherche pour l'exploitation de la mer – une publication qui ne se paye jamais de mots – un article dont le titre évoquait davantage la guerre que les vacances : « *Attaque aérienne d'Ostreopsis ovata.* »

Voici ce qui s'était passé : les conditions aquatiques et climatiques étant réunies, ces algues minuscules, désormais présentes sur presque tous les rivages de l'Italie, s'étaient multipliées par milliards à la surface des eaux, sur les quelque 50 kilomètres de côte qui vont de Sestri Ponente à Sestri Levante, en passant par la vieille ville. Les Américains, avec leur manie des acronymes, appellent cela HAB, *Harmful Algal Bloom*, Floraison Alguaire Néfaste. Une légère brise de sud-ouest s'était levée, effleurant les îlots et les rochers où venaient se briser les petites vagues chargées de voile alguaire : elle emporta vers Gênes et ses faubourgs balnéaires d'invisibles embruns, dont chaque gouttelette contenait des milliers d'*Ostreopsis* – et chacune de ces cellules contenait elle-même une quantité infinitésimale de *palytoxine*, suffisante pour conduire, en pleine ville, une *ragazza* éclatante de santé au bord de l'asphyxie. L'Ifremer n'avait pas eu tort d'employer un vocabulaire de combat : un scénario de guerre chimique n'eût pas été plus frappant.

Les 230 victimes de l'affaire se remirent de leurs troubles en peu de jours. Mais le tocsin sonna dans les laboratoires. Un séminaire discret, mais de très haut niveau, se réunit à

Gênes, au mois de décembre de la même année, au Teatro della Gioventù. Le seul nom d'un des orateurs en disait plus qu'un long discours : le professeur Takeshi Yasumoto, de l'Université Impériale Tohoku, spécialiste mondial des Dinoflagellés et des toxines qu'ils sécrètent, fit le voyage depuis son lointain campus. Toute l'Europe de la biologie marine répondit présente et c'est à huis-clos, le 6 décembre, que furent débattues les questions brûlantes : les Dinoflagellés les plus dangereux – le *Gambierdiscus toxicus*, jusqu'ici cantonné aux îles du Pacifique, (à l'origine de la ciguatoxine, qui provoque des troubles graves et souvent mortels chez l'homme), et la *Gonyaulax catanella*, endémique sur la côte Atlantique des Etats-Unis, (productrice de la saxitoxine, composé biochimique paralysant, 10 à 20 fois plus puissant que le curare des Indiens d'Amérique) – ces deux Dinoflagellés avaient-ils une chance, étant donné les changements climatiques, de prospérer sur les côtes européennes si par malheur ils y étaient importés ? Réponse : oui. Question plus terrifiante encore : pouvait-on imaginer en cas de *red tide*, de floraison massive à proximité de centres de population, une dispersion « à la génoise » de ces toxines, via les aérosols nés du vent et des embruns ? Sur ce dernier point, les experts étaient partagés. Mais le professeur Fabrizzio La Molla, de *l'Istituto Zooprofilattico Sperimentale del Mezzogiorno*, démontra avec une conviction tragique que rien ne semblait s'opposer, dans les conditions « favorables » d'un *harmful algal bloom*, au transport aérien de ces algues, qui peuvent compter jusqu'à un million de cellules par millilitre.

Nous en sommes là. Et toujours dépourvus d'antidotes face à ces toxines très complexes. L'universelle invasion des méduses, l'essaimage, sur la Côte d'Azur, de la *Caulerpa Taxifolia* – échappée naguère d'un aquarium monégasque –, la multiplication rapide, sur les côtes d'Armor, de la prolifique *Crepidula Fornicata*, seront comptés pour de petits embarras à l'aune de l'insidieuse progression des Dinoflagellés. « *La mer couleur de vin* », disait Ulysse, qui l'aimait ainsi, au crépuscule, sous des nuages violets. Les *red tides* nous la feront craindre et nous la feront haïr.

Lacerta imperialis

Ruth Heller était née à New York, au début des années 50, dans l'une de ces rues impeccables – maisons de briques sombres, heurtoirs de laiton étincelants, buis taillés de frais – qui débouchent sur la Cinquième Avenue, à hauteur du Met. Elle aurait pu ne rien faire : épouser, recevoir, hériter. Au désespoir de ses parents, elle tomba, vers 15 ans, sous l'influence de son oncle maternel, David « Jungle » Edelman.

Ceux qui ont connu le Village des années 60 à 80, se souviennent du Chelsea Hotel, sur la 23e Rue, temple de la bohême, de l'herbe et du génie méconnu. Une chose était d'aller fumer un joint dans le hall avec des pensionnaires en déroute, mais il fallait séjourner au Chelsea, dormir dans cette fournaise, côtoyer des junkies au regard mauvais, pour aller, très naturellement, prendre l'air sur la terrasse, le soir, et voir s'allumer la ville. Surprise ! Il y avait, au centre de cette plaque de béton, où traînaient quelques chiliennes bancales et trois jardinières vides, une vraie maison, un petit cottage à l'anglaise. Par les fenêtres à meneaux on découvrait une forêt de poche, d'une parfaite luxuriance, que traversaient sans hâte de grands serpents aux couleurs franches. Parfois, un toucan à bec jaune ou bien un ara d'un blanc pur venait se percher sur une branche et regardait la nuit tomber sur New York. C'était la maison de David « Jungle » Edelman. Il n'en sortait pas, sauf pour se rendre en Amazonie, deux fois l'an. Personne ne franchissait le seuil de ce qu'il appelait sa « cabane » (« my cabin »), mis à part quelques herpétologistes et ornithologues de grand renom et bientôt Ruth Heller, sa nièce rebelle.

De lui, elle apprit tout ce qu'elle voulut savoir de la vie sauvage. Elle l'accompagna à plusieurs reprises au cœur des forêts humides du Brésil et du Vénézuela. Elle avait à peine 20 ans lorsqu'elle ouvrit une boutique étrange sur Spring Street, qui tenait à la fois de l'animalerie et du cabinet de curiosités : *Wild Side*. C'était là plus qu'une allusion à la chanson de Lou Reed qui triomphait en cette année 1972. Passer ainsi du « côté déjanté » de la ville au « côté sauvage » de la nature ne manquait pas d'esprit. L'endroit connut un succès immédiat. D'autant plus que Ruth ne se contenta pas d'adopter la passion de son oncle pour la faune exotique, elle y ajouta la sienne : la passion dévorante d'une couleur, d'une seule couleur, le bleu.

On se gardera d'accabler le lecteur, mais les rubriques savantes du catalogue de *Wild Side* invitaient, et invitent encore, à un détour par Spring Street. On y trouve des boîtes de collection où triomphe l'azur iridescent des papillons *Morpho Bleu* de la jungle amazonienne. Divers ornements en plumes de paon, des colliers où des cétoines dorées aux reflets indigo tiennent lieu de perles baroques, des réticules taillés dans la peau inestimable d'un serpent bleu dont Madame Heller tait obstinément le nom. Mais la boutique résonne aussi des bruits et des cris des bêtes vivantes... et bleues : geais et perruches ondulées ; rares perroquets de l'Orénoque ; mystérieux caméléons bleus de Madagascar, tels le *Furcifer Pardalis Ambanja Blue*, le *Nosy Be True Blue*, à la tête pavée de turquoises, ou encore l'*Amilobe Blue Bars*, qui ressemble à un drapeau nordique. Au fond du magasin, dans la pénombre d'une rocaille faite de milliers de petites moules bleu acier, des aquariums subtilement éclairés abritent des poissons bleu céleste, comme la *Poecilia reticulata*, ou bleu lagon, comme la *Chrysiptera parasema*, plus connue sous le nom de *Demoiselle bleue à queue jaune*.

Celle que la presse, à la suite de ses clients du Village, n'appelait plus que *Lady Blue,* gardait toujours un rêve à l'esprit : celui d'un petit animal de compagnie ravissant, d'un bleu parfait, et que les femmes, qui faisaient le gros de son chiffre d'affaires, pourraient transporter avec elles aussi facilement qu'un poudrier ou qu'un *cell phone*, en somme une sorte de « bijou vivant », selon sa propre expression.

C'est peu de temps après la grande fête qu'elle avait donnée en 2002 dans les étages de Spring Street – *Lady Blue No Blues Electric Blue Ball* – pour célébrer les trente ans de *Wild Side*, qu'elle tomba, dans le supplément magazine du *New York Times*, sur un article qui la mit en transe : on avait découvert au large de la Colombie, dans une petite île appelée Gorgona, un lézard arboricole d'un bleu exquis, léger, aérien, un bleu dont une New-Yorkaise amoureuse de cette couleur pouvait seulement dire : « *just divine !* » Elle n'eut de cesse de rencontrer la jeune biologiste qui avait étudié et identifié sur le terrain *Anolis Gorgonae*.

Ruth se déplaça à Princeton et passa des heures sous les grands arbres en conversation avec Maria Margarita Ramos. Lady Blue en savait assez sur l'ordre des squamates, qui regroupe lézards et serpents, pour faire forte impression sur l'une des plus brillantes étudiantes du campus. Au cours de son long séjour à Gorgona, Ramos n'avait observé que sept anoles bleus. L'animal était manifestement rare, discret, menacé. Elle ne pouvait imaginer sa survie hors de son habitat naturel. Lady Blue parla alors de son oncle et le visage de Ramos s'éclaira : David « Jungle » Edelman était une légende dans le petit milieu des « amazoniens ». La nièce fit valoir que David dans son cottage et elle-même dans les pièces aménagées de Spring Street, avaient fait prospérer des espèces en péril et qu'après tout le lézard bleu de Gorgona devrait peut-être son salut à l'exil et à la reproduction en terrarium, loin de sa petite île où singes et basilics auraient raison de lui. Elle ajouta qu'elle avait élevé, pour son plaisir, *Anolis carolinensis*, l'anole vert, très proche parent du lézard bleu. Ramos soupira. Gorgona venait d'être classé Parc national par le gouvernement de Bogota et il lui semblait hors de question, même si l'on pouvait adhérer en partie aux arguments de Ruth, de « préle-ver » un couple d'anoles sur l'île. Lady Blue reprit le chemin de New York, le cœur gros.

Trois ou quatre années passèrent. Un beau matin, elle reçut un coup de fil de Maria Ramos. « Madame Heller, je crois me souvenir que *Anolis Gorgonae* vous intéressait, mais plus encore la couleur bleue. Allez voir de ma part mes amis de la Nouvelle-Angleterre, Duncan Irschick à Amherst et Jonathan Losos à Harvard. Je crois qu'ils auront des choses intéressantes à vous raconter. » Lady Blue mit le cap au nord. Ces jeunes gens étaient formi-dablement sympathiques, dirigeaient des labo-ratoires ultramodernes et étaient à mille lieues de la sensibilité d'aventurière et de poète qu'elle partageait avec son oncle David. Ils mesuraient et mesuraient encore : la vitesse des lézards, la longueur de leurs sauts, les angles de leurs sauts, leurs accélérations, les conséquences de la perte de leur queue sur leur mobilité... Irschick avait été le pionnier des études sur les capacités d'adhérence des geckos : il avait découvert que l'effet « ventouse » des pattes du gecko ouvrait des voies nouvelles à la traction et à la préhension.

« Oui, oui, madame Heller, nous mesurons et nous découvrons beaucoup de choses ! Mon ami Anthony Herrel, de l'équipe de Jonathan Losos, et moi-même, nous rentrons d'une mission en Europe, plus précisément sur deux îlots de Croatie, Pod Kopiste et Pod Mrcaru, et nous avons pu prouver que des lézards très communs dans la région, *Podarcis sicula*, qui avaient été déplacés de la première île vers la deuxième en 1971, se sont profondément transformés en moins de quarante ans, qu'il s'agisse de leur tête, de la puissance de leur mâchoire, de leurs organes digestifs, s'adaptant à une vitesse tout à fait inattendue à un environnement et à un régime alimentaire différents de ceux qu'ils avaient connus sur l'île précédente.

J'ai pris un détour, madame Heller, pour en venir à vous et à votre passion. Si j'avais eu le temps de rester dans la région, je serais allé à Capri. Figurez-vous qu'en 1873, le zoologiste allemand Theodor Eimer a publié un livre sur la faune de l'île. Et ce grand savant y décrit pour la première fois un lézard extraordinaire, qui vit sur deux des trois fameux rochers de Capri, les Faraglioni, en l'occurrence sur les deux rochers qui sont en mer et donc complètement séparés de l'île. Ce lézard, madame Heller, c'est celui que les gens de Capri nomment *lucertola azzura*, le lézard azur, et que Eimer a nommé *Podarcis sicula coerulea*. Eimer était enclin à croire à la naissance de nouvelles espèces sous l'influence directe des conditions du milieu. J'imagine qu'il a conjecturé que le *Podarcis sicula* des Faraglioni, vivant en permanence entre le bleu du ciel et le bleu de la mer, avait trouvé quelque avantage à prendre cette couleur. Je ne sais, mais j'aimerais un jour étudier de près cette petite merveille : il est vrai que, songeant à notre mission en Croatie, je serais curieux de voir comment *Coerulea* évoluerait si nous le sortions de son habitat actuel. Nos amis du

Département de Biologie animale et génétique de l'Université de Florence viennent en tout cas de confirmer les nettes différences morphologiques entre les *Podarcis sicula* qui habitent sur les îlots voisins et le *Podarcis sicula coerulea* qui vit sur les Faraglioni. Vous voyez, madame Heller, l'effet Galapagos sévit partout. Mais ce que nous avons montré, c'est qu'il peut se manifester très rapidement ! »

Lady Blue sentait bien que le débat entre néolamarckiens et néodarwiniens, dont son oncle David l'avait souvent entretenue, continuait de plus belle. Mais elle n'avait pas la tête à la théorie. Elle était tout entière à la *lucertola azzura*. Et puisque Irschick évoquait l'idée de « tester » le lézard azur dans un environnement nouveau, pourrait-il l'aider, lui, le nouvel Eimer, à accueillir le *Podarcis* dans le vaste terrarium qu'elle se ferait un plaisir d'aménager dans l'immeuble de Spring Street ?

Pendant qu'elle le sondait, il avait sorti d'un tiroir des photos rapprochées de *Podarcis s. coerulea*. Ruth crut défaillir : elle avait follement aimé *Anolis Gorgonae*, mais le délicat colombien pâlissait devant ce squamate aux écailles d'un bleu profond et lustré, qui virait au noir sur le dos, au saphir sur les flancs ; on devinait que le lézard azur devait combattre ses rivaux sans pitié, tant sa robe évoquait une armure, un acier trempé dans ces eaux d'un bleu sans faille qui cernaient le Scopolo, le plus « en mer » des trois Faraglioni. Lady Blue l'imaginait déjà, « bijou vivant », s'échappant avec une allure désinvolte et martiale d'un sac-baguette, d'un grand chapeau, d'un décolleté, au beau milieu d'un salon new-yorkais, soudain saisi d'un léger effroi.

De retour au Village, elle avait retrouvé ses vingt ans. Son audace et son esprit de fantaisie triomphaient de tout. Ne doutant pas de son succès final, elle commença par le terrarium : tout le dernier étage du petit immeuble de Spring Street. *Lucertola azzura* ne manquerait de rien. Elle fit monter du sable, des rochers, les herbes du maquis. Elle fit un plafond bleu, des bassins outre-mer encastrés dans le sol. Elle commanda des lampes à rayonnement ultra-violet, des radiateurs spéciaux.

Elle avait passé des heures à la terrasse de Da Luigi, face aux deux Faraglioni qui abritaient le lézard azur, Mezzo et Scopolo. Elle s'en était approchée en barque, avec des *ragazzi caprese*, qui savaient presque tout sur les mœurs du reptile. Ils seraient capables, le moment venu, de capturer deux ou trois couples. Elle avait pris langue avec l'influente *Associazione Vivara Amici delle Piccole Isole*, fondée à Naples en 1997 : ces Amis des Petites Iles, elle les avait mis dans sa poche. Les Faraglioni, le lézard azur, c'étaient les perles de leur couronne : on n'y toucherait pas sans leur bénédiction. Elle avait rendu visite, au Museum d'histoire naturelle de Florence, à Claudia Corti, la grande dame de l'herpétologie italienne, chercheur associé à la *California Academy of Science*, qui s'intéressait beaucoup à l'avenir des lézards insulaires et à l'hôte des Faraglioni en particulier. Lady Blue avait assuré ses arrières.

L'oncle « Jungle » entra dans la danse. Il avait maintenant 85 ans. Ce « trésor vivant » possédait, aux chapitres des reptiles et des batraciens, le plus beau carnet d'adresses des Etats-Unis. Le projet de sa nièce lui apparaissait tout à la fois scandaleux et excitant. Il détestait l'idée de l'acclimatation et plus encore celle de la domestication, mais *Podarcis sicula coerulea* semblait vraiment à la hauteur des plus merveilleuses créatures rencontrées au cours de ses expéditions sud-américaines : si l'ambition de Ruth pouvait assurer la survie du lézard azur, *why not* ? Il mit dans la balance tout le poids que lui donnaient son expérience, ses longs silences, ses coups d'éclat, son intuition légendaire.

Le 15 mai 2008, quatre lézards azur, en provenance du Scopolo, furent introduits dans le terrarium géant de Spring Street après 48 heures de voyage. Moins d'un an plus tard, *Blue Liz* était la coqueluche de New York. Il se montrait beaucoup plus sociable qu'on aurait pu l'imaginer, sortait d'un manchon, vous mangeait dans la main, repartait par le col de la chemise. Lors des soirées mondaines, on l'arborait au revers d'une veste, enchâssé pour l'heure dans une cage de Plexiglass, ou bien on le tenait délicatement en laisse par un fil de nylon enté sur un fin collier de soie. Le terrarium/aquarium « Blue Liz Faraglioni », qui reproduisait les trois îles-rochers de Capri, faisait fureur, en dépit de son prix exorbitant. Bobos du Village et bourgeois de l'Upper East Side piétinaient devant la devanture de *Wild Side*. Au dernier étage, *Podarcis s. coerulea* se multipliait dans la chaleur d'un éternel été. Ruth Heller fit la couverture de *Time Magazine*. Elle fut invitée sur le plateau d'Oprah Winfrey. Il y eut bientôt des T-shirts Blue Liz, des cocktails Blue Liz, des robes et des mules Blue Liz.

Au printemps 2010, Irschick et Losos entreprirent une première campagne de mesures sur les *Podarcis s. coerulea* acclimatés aux Etats-Unis. Ils tombèrent des nues : sur six générations seulement, le lézard avait grandi en moyenne de 5 mm, on notait un élargissement de la tête et l'autopsie révélait des modifications sensibles des organes digestifs. La mission sur les îlots croates avait ouvert la voie. Une fois de plus, l'évolution semblait vouloir faire des bonds.

Fera umbellifera

C'était il y a tout juste 120 ans, en mai 1890. Deux Florentins d'adoption, l'un d'origine suisse et médecin de son état, Emile Levier, l'autre d'origine française et botaniste, le *cavaliere* Stephan Sommier, s'embarquaient à Livourne. Destination : Soukhoumi, port de l'empire russe sur la mer Noire, « perle » de la Principauté d'Abkhasie, connu pour la majesté de sa baie et la beauté de son jardin botanique, fondé un demi-siècle plus tôt. De là, fidèles à la grande tradition des savants voyageurs, ils s'engagèrent dans les hautes vallées caucasiennes qui remontaient vers les sommets du Psish et du Chkapiega.

Au bord d'un lac de montagne, à une altitude proche de 2 000 mètres, ils s'arrêtèrent, stupéfaits, à la vue d'un bosquet d'ombellifères

73

géantes. Les plus imposantes portaient à plus de quatre mètres leurs dômes de fleurs blanches ; leurs feuilles, diversement dentelées, avaient la longueur du bras ; leurs tiges, l'épaisseur d'un grand bambou de la Chine. Les deux hommes en tombèrent d'accord : la plante ressemblait comme une sœur – une sœur immense et presque effrayante – à *Angelica archangelica*, l'angélique des confiseurs, celle qui avait donné un peu d'aisance aux rudes familles du Marais Poitevin.

Ils s'en approchèrent avec respect et remplirent, à ses pieds, un pochon de graines. Ils savaient que le pouvoir germinatif de ces belles lentilles convexes s'étendait au moins sur dix années. Ils notèrent dans leur carnet de bord : « 25 août. Avons récolté dans la vallée de Klioutsch les graines d'une berce géante. Des villageois qui nous accompagnaient se tenaient à bonne distance et nous faisaient des signes pour nous signifier de ne pas la toucher. Nous nous sommes regardés, nous avons pensé à cette autre ombellifère, *Conium maculatum*, la grande ciguë qui fit mourir Socrate, et nous avons passé notre chemin ! »

Leur ami, le Vaudois Henri Correvon, grand spécialiste de la flore alpine, venait d'inaugurer, sur la route du Grand Saint-Bernard, le jardin botanique *La Linnaea*. Le projet avait bénéficié du soutien enthousiaste du biologiste George Romanes, professeur à Oxford et disciple influent de Darwin. Correvon dirigeait aussi, dans la plaine de Plainpalais (aujourd'hui vaste dalle de béton où se tient le marché aux puces de Genève), la Société horticole d'acclimatation : c'est là qu'il planta les graines des deux voyageurs. La berce grandit, grandit encore : il fallut attendre quatre saisons avant qu'elle ne portât ses gigantesques ombelles. La géante était passée du Caucase aux Alpes. Avec armes et bagages, comme on le verrait plus tard. Les Florentins la baptisèrent *Heracleum Mantegazzianum*. Herculéenne, elle l'était, par sa taille et sa monstrueuse vigueur. Quant au second nom, il rendait hommage à Paolo Mantegazza, personnage vibrionnant de la scène intellectuelle florentine, (très lié, lui aussi, à Charles Darwin) fondateur de la première chaire d'anthropologie en Italie, auteur d'un livre controversé sur le sexe expliqué aux jeunes gens et botaniste d'un nouveau genre, ayant expérimenté sur lui-même les pouvoirs de toutes les drogues andines (lors d'un long séjour en Amérique du Sud), à commencer par la coca et autres herbes hallucinogènes. Ces drogues, selon lui, devaient être mises au service du bonheur de l'homme, lequel aurait toujours besoin de « *Feste e Ebrezze* », de fêtes et d'ivresses, titre de son *opus magnus*.

On la savait bien « un peu urticante », mais tous les jardins botaniques du Vieux et du Nouveau Monde voulurent leur géante. Correvon fit passer les graines. Moins d'un siècle plus tard, ayant échappé à ses gardiens, *Heracleum Mantegazzianum* élève ses ombelles partout en Europe, le long des cours d'eau, en lisière des forêts ou des étangs, au cœur des prairies humides, dans les hautes et fraîches vallées des Alpes et des Pyrénées et jusque dans les faubourgs des villes pluvieuses. Un pied fleurit une seule fois et meurt. Mais il laisse derrière lui 100 000 graines ! Pour les promeneurs innocents, émerveillés par tant de force et de grâce réunies, et qui allaient en riant toucher ses grandes feuilles ou ses tiges creuses dont les enfants parfois faisaient des flûtes champêtres, ou encore ses grandes fleurs, dont une seule, bien choisie, composait un bouquet, les drames ont commencé : une goutte de sève dans l'œil, et c'est un œil à moitié perdu ; une goutte sur une joue, sur un bras, et c'est à coup sûr de terribles brûlures, qui n'apparaîtront que dans quelques heures, quand la lumière du soleil, frappant la toxique *furocoumarine* répandue sur la peau, fera surgir, par réaction photo-chimique, des cloques qui seront demain d'énormes cicatrices, jamais vraiment refer-mées.

Au début du siècle nouveau, en 2002 exacte-ment, la Commission de Bruxelles, impression-née par les *vrais* chiffres – des dizaines de milliers de victimes, dispersées, silencieuses – et par la gravité et le caractère souvent durable des lésions, lançait un programme sur trois années, à l'intitulé volontairement violent : *The Giant Alien Project.* L'allusion au plus noir, au plus troublant des films de science-fiction n'est pas fortuite. Un manuel pratique est édité, qui dit tout sur la berce du Caucase : comment la repérer, la contrôler, l'éliminer. Comment s'en protéger, que faire si l'on est touché par la sève, quelles sont les mesures d'urgence à prendre. Des « exterminateurs », vêtus comme des astro-nautes, ont commencé à sillonner la nature, pioches et pelles coupantes en main, car il n'est pas d'autres armes contre *H. M.* Vers le milieu de la décennie, campagnes d'information du public et campagnes d'éradication de la plante semblaient porter leur premier fruit : la courbe du nombre des victimes s'inversait enfin.

C'était sans compter sur le scénario à la John Wyndham – l'auteur du fameux *Jour des Triffids* – qui se dessina à l'été 2009. Les Triffids, dans ce roman de science-fiction, étaient des plantes carnivores qui avaient envahi le monde et s'attaquaient vicieusement à l'homme. *Heracleum*, à son tour objet d'une mystérieuse mutation (mais qui pourrait être utilement rapprochée de celles que nous avons relatées plus haut dans cet ouvrage), fit preuve, si l'on ose dire, d'une répugnante sournoiserie.

Voici comment les choses se passèrent en France. Cela commença près de Saint-Hilaire-la-Palud. En bordure du grand marais qu'on appelle fièrement, dans les Deux-Sèvres, la Venise Verte. Dans un lieu-dit dont on taira le nom, la famille Moreau cultivait l'angé-lique, dite angélique de Niort, depuis près d'un siècle. On se souvient de cette ressem-blance étroite entre *Angelica archangelica* et la future *Heracleum Mantegazzianum*, qui avait immédiatement frappé les botanistes florentins dans la vallée de Klioutsch. En juin 2009, les plants d'angélique des Moreau, à un mois de la récolte, étaient en pleine croissance sous un ciel parfait. Pluie et soleil alternaient comme il convient. L'eau ne manquait pas dans les rigoles. Jean-Claude Moreau et sa femme Jeannie s'absentèrent trois jours, pour cause de deuil dans les Ardennes. Ils rentrèrent à la nuit tombée et se couchèrent sans plus attendre.

Levés au petit matin, ils virent le champ par la fenêtre et poussèrent ensemble un cri de surprise et d'angoisse. « Elles pètent les plombs ! », dit Jean-Claude. Il parlait des angéliques : une douzaine d'entre elles dressaient d'énormes inflorescences à cinq mètres du sol, leurs tiges ressemblaient à des troncs, leurs feuilles « à des nappes fantaisie pour pique-niquer », comme le fit remarquer Jeannie. Elle ajouta : « On a dû se faire refiler quelques graines génétiquement modifiées ! Qui nous a fait ce coup-là, à ton avis ? » Tout en discutant, ils marchaient vers le champ. C'est alors qu'ils remarquèrent un fin brouillard qui descendait des ombelles dans leur direction. Jeannie supposa que des plantes qui avaient poussé à une telle rapidité, de plus d'un mètre par jour, avaient besoin de transpirer. La brume, irisée par le soleil, les enveloppa. Ils ressentirent aussitôt de légers picotements sur le front, sur les joues, dans les yeux. D'instinct, ils firent demi-tour et prirent de la distance. Jeannie passa une manche de sa chemise sur son visage. Ils allèrent, sous le beau soleil de juin, fermer des trappes, ouvrir des robinets, nettoyer des rigoles, bref, assurer le travail quotidien de l'irrigation contrôlée nécessaire à la bonne « finition » des tiges. Ils retournèrent à la maison, se regardèrent dans un miroir et hurlèrent à l'unisson. Le lendemain, ils avaient des cloques plein le visage, les mains, les bras, grosses et d'un vilain rose pâle, « comme des groseilles à maquereau », dit Jeannie, se souvenant soudain de ce fruit disparu. Ils souffraient mille morts.

On les transporta au centre hospitalier de Niort. Les médecins, bien sûr, ne croyaient pas au lien entre ces angéliques « montées en graines » et les rougeurs pustuleuses du couple. « Réfléchissez encore, madame Moreau, vous êtes certaine de ne pas avoir côtoyé des gens malades, dans les Ardennes ? » Pour Jean-

Claude, cette espèce de brume qui tombait des plantes géantes était à l'évidence la cause de leurs cloques. On les mit à l'isolement. L'Europe a du bon : une infirmière avait eu entre les mains, quelques semaines auparavant, le *Manuel pratique de la Grande Berce du Caucase*. Elle se méfiait de l'arrogance de son chef de service. Elle téléphona au Centre de recherche biologique de la Forêt de Chizé. Elle critiqua à voix basse l'esprit borné des médecins qui l'entouraient. Cela eut pour effet d'électriser le jeune chercheur du CNRS qu'elle avait au bout du fil. En fin de journée, le verdict tombait. Le type était allé à Saint-Hilaire-la-Palud avec un masque et des gants. Le doute n'était pas permis : c'était *Heracleum Mantegazzianum*, « en beaucoup plus méchante ! », précisa-t-il. On boucla le grand champ des Moreau avec un ruban de scène de crime. Les médecins de Niort, penauds, s'intéressèrent de près aux effets mutagènes, sur la peau et les yeux, des *furocoumarines* de la grande berce.

Quelques jours plus tard, on pouvait lire dans le *Vancouver Sun* : « *Panic in Howe Sound Forest. Toxic Cloud from Mutant Giant Hogweed. Five victims in hospital.* »

– « Panique dans une forêt de la baie Howe. Des grandes berces mutantes émettent un nuage toxique. Cinq victimes hospitalisées. » La Colombie-Britannique était frappée de plein fouet. Mais la chose la plus extraordinaire, et la plus inquiétante, c'était bien sûr de constater que la mutation de *Heracleum M.* se produisait, selon toutes les apparences, au même moment et dans le monde entier.

DES ASTRES

Tectus terrae motus

Les Japonais disposent de plus de vingt mots pour décrire la pluie, quand nous en possédons, de bruine à grain, moins de dix. Il paraît que leur langue n'est pas plus avare au chapitre des tremblements de terre, qui sont chez eux, pour leur malheur, aussi nombreux que les averses. Ils ont donc des expressions pour cela qui évoquent, dit-on, le tambour battant, la caisse claire, le roulement des pierres, un orage entendu au loin, une armée en déroute et la fin du monde.

Tokyo, Istanbul et Los Angeles ont en commun de vivre dans l'attente du *Big One*, du tremblement de terre sans pareil, celui qui ne fera qu'une bouchée des tours et des temples, qui creusera des ravins et élèvera des collines là où il y a des rues et des places, qui suspendra au ciel les ponts suspendus et qui tuera les gens plus sûrement qu'une grande guerre. Mais rien n'arrive encore que des secousses familières qui font un peu tourner les lustres au plafond des chambres. Alors les hommes conjurent le sort en buvant au comptoir des cocktails aux noms propitiatoires – *Richter Seven*, *Terra Trema*, *Katachtonios* – qui les rendent amicaux et leur ôtent toute crainte.

Mais depuis quelques mois il se produit, dans ces villes bâties sur des failles, des sortes de tremblements d'une durée très courte qui donnent à la population une peur intense, parce qu'ils sont d'une nature nouvelle et étrange. Ce genre de peur qu'on éprouverait en découvrant, un beau matin, un python sous son lit, une tache bleue sur son front, un cadavre dans son jardin, toutes choses rares et improbables. Tremblement n'est pas le mot le plus approprié : il faudrait parler d'une vibration qui, l'espace de quelques secondes, fait tinter les verres et semble vriller le corps. L'aiguille des sismographes est de peu de secours : un train d'ondes primaires, très bref ; aucune onde de surface. Tout cela indique l'origine profonde du séisme. La magnitude sur l'échelle de Richter est en règle générale de l'ordre de 3 : tremblement largement ressenti, absence de dégâts.

Au tout début du phénomène, nombreux furent ceux qui le prirent pour le déclenchement soudain et intempestif d'un moteur ou d'une machine utilisée sur la voirie. Car ce tremblement n'était pas sans rappeler la vibration rapide et saccadée que propage un marteau-piqueur. Mais ce qui démentait cette hypothèse – et contribuait à nourrir la peur atavique ressentie par les habitants – c'était le bruit strident ou plus exactement l'espèce de cri aigu et bref qui accompagnait la secousse. Un cri par nature inhumain et dont l'intensité semblait à peine diminuée par l'épaisseur des murs ou des planchers, de sorte qu'on l'entendait presque autant au 52e étage d'un gratte-ciel qu'au rez-de-chaussée du même immeuble.

Les Japonais voulurent aussitôt donner un nom à la chose. On n'a qu'une faible idée de leur goût pour les onomatopées, les *giseigo*. Les mangas, qui sont apparus il y a plus d'un siècle, n'ont fait que renforcer cette concision et cette plasticité de la langue. *Koro Koro* décrit ainsi le bruit que fait un objet léger en roulant ;

s'il s'agit d'un objet lourd, on emploiera *Goro Goro*. Le bruit du papier que l'on déchire, c'est *Biri Biri* et celui de cailloux qui tombent de façon irrégulière sur le sol, comme ceux du Petit Poucet, c'est *Para Para*. Et chacune de ces onomatopées peut être utilisée comme un verbe ou un adjectif. Il y eut une querelle sémantique pour savoir si l'on décrirait ce nouveau phénomène sismique par *Zuru Zuru*, qui décrit le bruit insupportable que fait un fauteuil que l'on tire sur un parquet ou par *Piri Piri*, qui évoque un sifflement strident. Ce dernier l'emporta, non seulement parce qu'il était plus proche de la réalité sonore, mais aussi parce qu'il avait une dimension psychologique profonde que l'on pourrait traduire par « être sur les nerfs ». Et c'est bien l'état dans lequel ces bizarres tremblements de terre, qu'on aurait pu baptiser *grincements de terre*, plongeaient ceux qui les subissaient parfois plusieurs fois par jour. Substantifié, *Piri Piri* fit rapidement le tour du monde.

C'est ainsi que *le Figaro* du 3 mars 2010 titra en Une : « *Les habitants de Paris ont eu hier au soir, pour la première fois, l'expérience angoissante d'un Piri-Piri.* » Le phénomène ne cessait en effet de s'étendre à la surface du globe. Les géophysiciens étaient arrivés à un consensus : le Piri-Piri avait son origine au plus profond de la Terre, au-delà de la discontinuité de Mohorovic, dans cette sphère de fer et de nickel qu'on appelle le noyau. Et il convenait de relier ces « bouffées sismiques » atypiques à l'affaiblissement, depuis 150 ans, du champ magnétique terrestre. Cette dégradation s'était accélérée dès les premières années du siècle et l'hypothèse d'une inversion du champ à l'horizon 3000 paraissait du coup trop « optimiste ». Les choses iraient peut-être plus vite. La dernière modification du champ remontait à 780 000 ans et cette longue stabilité avait depuis longtemps dépassé l'intervalle moyen des 250 000 ans entre chaque inversion. Une chose était certaine : les quelques siècles précédant le basculement seraient marqués par une disparition progressive du « bouclier magnétique » de la Terre. Les rayons cosmiques – ceux du Soleil, ceux des explosions stellaires au sein de la galaxie, ceux des quasars et des pulsars – pénétreraient sans obstacle jusqu'à la surface du globe, provoquant destructions et mutations au sein du monde vivant.

L'une des conséquences curieuses de la multiplication des Piri-Piri fut le coup mortel porté à la très ancienne industrie du cristal sur le Vieux Continent, de la Lorraine à la Bohême en passant par l'Autriche : le verre noble ne résistait pas aux hautes fréquences acoustiques et vibratoires du phénomène. Carafes et chandeliers, lustres et torchères, explosaient en milliers d'éclats. Les collections publiques et princières ne purent être sauvées que par immersion dans des piscines remplies d'une huile épaisse. Il fut aussi très difficile de maintenir un semblant de paix dans les zoos, car la plupart des animaux réagissaient au Piri-Piri de manière violente, hurlant, sautant, courant de-ci, de-là, au point qu'il y eut de nombreux cas de gardiens à moitié dévorés par des fauves qu'ils connaissaient depuis toujours. Des ours et des félins, frappés de folie, s'échappèrent des ménageries souvent vétustes des cirques ambulants, semant pendant des mois la panique dans les campagnes.

Quant aux humains, le Piri-Piri les plongeait dans des crises d'angoisse qui se prolongeaient parfois par de violentes dépressions. Un peu partout, dans les entreprises, les administrations, les établissements d'enseignement, on ouvrit des cellules de soutien psychologique. Plus rarement, on constatait des troubles physiques désagréables : tachycardie chronique, périodes d'incontinence, toux nerveuse, migraines ophtalmiques. On y portait remède, au cas par cas.

Le signal sonore qui accompagnait le Piri-Piri se situait dans une gamme de fréquences très élevées, qui avoisinait la limite supérieure de l'oreille humaine, à 20 000 hertz. (Le *la* du diapason vibre à 440 Hz et le violon peut « monter » jusqu'à 3 000 Hz). En règle générale, le tremblement physique précédait de quelques secondes cette terrible onde sonore : on voyait les hommes fouiller dans leur poche, les femmes dans leur sac à main, à la recherche des salvateurs bouchons d'oreille. L'antique Boule Quies connut une seconde jeunesse. Mais la meilleure protection était assurée par des bouchons très complexes, dits à filtre de fréquences, développés, à la fin du siècle dernier, pour les musiciens jouant dans les groupes de rock. Le plus efficace de ces appareils, le *Piri Piri Frequency Canceller*, fit du Dr Ken Kaneshiro, frère aîné du fameux acteur sino-

japonais Takeshi Kaneshiro, la douzième for-
tune mondiale au classement du magazine
Forbes.

Il est encore trop tôt pour décrire avec précision tous les effets du Piri-Piri sur les êtres
vivants, mais il est intéressant de noter que,
dans les régions soumises à des tremblements
fréquents, les animaux domestiques semblent
très affectés : pour prendre quelques exemples,
les vaches produisent jusqu'à 40 % de lait en
moins, les poules pondent des œufs minuscules,
les ovins sont atteints d'alopécie et les chiens
mordent.

Jupiter petrarum pastor

Kevin Devlin avait grandi à Concord, près de Boston, dans une famille de musiciens. Les liens entre l'harmonie et les mathématiques sont subtils. Peu de temps après son admission à Harvard, vers la fin du siècle dernier, le jeune homme assista, en classe de physique, à une présentation des figures de Chladni.

L'expérimentateur fait vibrer à des fréquences sonores différentes une plaque de métal sur laquelle on a répandu du sable tamisé : pour chacune des fréquences, des figures géométriques se forment, de plus en plus complexes, le sable venant se loger sur les *lignes nodales* que dessinent les points du métal qui n'entrent pas en vibration. Un jour, Ernst Chladni, qui se servait à l'époque d'un archet frotté contre le bord de la plaque, mena l'expérience devant l'empereur Napoléon, qui ne put cacher son émotion. Le physicien allemand, qui fut enfant à Wittemberg parmi des théologiens luthériens, répertoria avec soin les figures qui naissaient sous ses yeux : elles révélaient un monde encore inconnu.

Kevin comprit que tous les corps pouvaient entrer en résonance. Il s'intéressa à Chladni : le malheureux n'avait rien pu *faire* de sa découverte. Il avait battu l'estrade à travers l'Europe, gagnant trois sous avec sa plaque vibrante. Il se passionnait pour les astres, qui le consolaient de l'ici-bas : il publia un ouvrage prémonitoire sur les météorites, dans lequel il démontrait qu'elles étaient d'origine cosmique. Les savants du temps l'accablèrent. Kevin se promit d'aller voir un jour sa collection de pierres célestes, conservée à l'Université Humboldt de Berlin. Il était fort attiré par l'astronomie.

Un soir, il lut dans la revue *Light Years* un article magnifique sur la forme de l'espace. On y disait que l'univers primordial avait été traversé par des ondes acoustiques « engendrées peu après le big-bang » et que « les anisotropies de température du rayonnement fossile » ressemblaient « aux figures de Chladni que l'on pourrait obtenir à partir d'un tambour cosmique qui aurait vibré pendant 300 000 ans ». Cela décida de sa vocation. Il restait fidèle, à sa manière, aux violonistes qui l'avaient élevé.

Son PhD lui valut un *summa cum laude* et fit quelque bruit. L'intitulé ne passait pas inaperçu : *Musica universalis : true notes, wrong notes and orbital resonance in the Solar System* (Musique des Sphères : notes pures, fausses notes et résonances orbitales dans le Système solaire). Il partait de Laplace, de la stabilité des orbites, des rapports entiers et parfaits entre les périodes de révolution de trois des quatre lunes galiléennes de Jupiter ; de Pluton, intersectant l'orbite de Neptune, mais toujours tenu à distance par la résonance orbitale 2 : 3 avec la planète géante (deux révolutions de Pluton pour trois de Neptune) ; de l'harmonie, en somme.

Mais il évoquait d'autres cas de figure, dissonants, inquiétants : dans la grande ceinture des astéroïdes, entre Mars et Jupiter, il y avait de curieux vides sur certaines orbites en résonance défavorable avec l'influence gravitationnelle de Jupiter : les *lacunes de Kirkwood*, du nom de leur découvreur. Dans des temps anciens, des milliers de gros cailloux avaient été éjectés de la ceinture en direction du Soleil et des planètes telluriques. Certains furent les auteurs de collisions cataclysmiques. Aujourd'hui encore, des astéroïdes comme ceux du groupe Alinda pouvaient être « sortis » de leur orbite à tout moment. Kevin avait développé des équations complexes qui laissaient à penser que Jupiter entrait dans une « phase nouvelle » de sa vie sidérale, où d'infimes « tremblements » sur sa course autour du Soleil, de légères anomalies gravitationnelles, pourraient avoir de graves répercussions sur les planètes internes. Ses examinateurs discernèrent chez lui des intuitions fulgurantes.

Sa vision angoissée du Système solaire – « le nettoyage est loin d'être terminé ! », disait-il en parlant des cailloux de toutes tailles qui peuplaient encore les alentours de la Terre – le conduisit à intégrer le *Harvard-Smithsonian Center for Astrophysics* : le centre avait alors pour mission le dénombrement des PHA, les *Potentially Hazardous Asteroids*, les astéroïdes potentiellement dangereux, susceptibles de s'écraser sur notre planète. Ils appartenaient à l'immense tribu des NEA, des *Near Earth Asteroids*, ceux dont la course les rapproche périodiquement de la Terre.

Lorsqu'il entra comme chercheur au Centre, en 1999, on avait identifié 200 PHA. En 2009, dix ans plus tard, la barre des 1 000 était franchie. Il faut dire que l'inquiétude générale avait poussé les astronomes amateurs du monde entier à rejoindre la grande chasse. Ainsi Kevin avait-il tenu à rencontrer Robert Holmes, photographe commercial de son état, mais œil d'aigle et debout toutes les nuits, qui avait découvert à lui seul 250 astéroïdes. En fait, l'analyse fine des orbites était plutôt rassurante : sur les quelque 1 000 PHA recensés, un seul continuait d'inquiéter véritablement, 2004 MN4 Apophis. Le vendredi 13 mai 2029, il passerait près, très près de la Terre. Il serait visible à l'œil nu. L'influence gravitationnelle de la planète pourrait à cette occasion le placer sur une trajectoire fatale pour le rendez-vous suivant, en 2036... C'était avec Apophis à l'esprit que des laboratoires développaient des parades, allant de la destruction par des armes atomiques au remorquage par un « tracteur gravitationnel » qui, millimètre par millimètre, aurait pour tâche de dévier la trajectoire du PHA. Les hommes sauraient éviter le sort des dinosaures.

Kevin était sur tous les fronts : celui de la

détection – il avait lui-même identifié une dizaine de NEA par les nuits claires et glacées de l'hiver bostonien –, celui du calcul des orbites, celui de la *mitigation*, autrement dit de la déflection possible des objets. Son enthousiasme lui avait valu le surnom biblique et salvateur de NOAH (Noé en anglais) pour *Near Objects Associated Hype*, qu'on aurait pu traduire de manière imagée par « l'agité du bocal astéroïdien ».

Vers la fin de l'été 2007, Brian Mars, le patron du Centre, lui dit en substance : « Ecoute, Noah, tu devrais prendre l'air. Nous avons accompli le gros de notre mission. Nous avons identifié, en moins de dix ans, près de 80 % des NEA de plus d'un kilomètre de diamètre sur une population estimée, comme tu le sais, à un petit millier. Et nos calculs montrent que les risques de collision sont infimes. On va maintenant se concentrer sur les petits astéroïdes. Je te fais une proposition : prends un congé sabbatique et retrouvons-nous dans 18 mois en Espagne, à Grenade, pour la première Conférence internationale sur la Défense de la Planète. Tous les Noah du monde seront là ! »

Kevin, tel un chasseur à l'affût, demeurait tendu. Les possibles effets de fronde gravitationnelle de Jupiter l'inquiétaient. Et plus encore l'inattendu, le hasard, les enchaînements. Il se souvenait de 1996 JA1, un caillou de 40 mètres qui avait frôlé la Terre cette année-là, sans crier gare, à moins de 100 000 kilomètres, un tiers de la distance Terre-Lune. Il se souvenait surtout de 4581 Asclepius, un gros morceau de 500 mètres de long, qui était passé à 700 000 kilomètres de la Terre en 1989. Une distance confortable. Mais on l'avait découvert le 31 mars, alors qu'il avait approché la Terre le 22, passant à l'endroit exact où la planète se trouvait 6 heures plus tôt sur son orbite. Asclepius était noir de charbon et noyé dans la lumière du Soleil : on n'avait rien vu venir ! Il appartenait au groupe des Apollo, identifié quelques années plus tôt par Eugene Shoemaker. Le « père spirituel » des programmes NEA en avait été bouleversé.

Kevin se demandait si son vieux maître Eugene, qu'il avait souvent accompagné au début des années 90 lors de ses rituels pèlerinages au Meteor Crater, dans le désert d'Arizona, l'aurait autorisé à lâcher, ne serait-ce qu'un an, le « front » de la défense planétaire. Il se souvenait de Shoemaker, au sommet de la falaise créée par l'impact il y a 50 000 ans, balayant du bras les 1 200 mètres du cratère et s'écriant : « Imagine ça, Kevin, un gros bloc métallique de 50 mètres de long, dont une bonne part s'est déjà volatilisée dans l'atmosphère, et qui creuse le sol sur près de 200 mètres de profondeur. Si c'était tombé sur New York, il ne serait rien resté de la ville ! » Meteor Crater, c'était le sujet de sa thèse de doctorat, à Princeton, en 1960 : Shoemaker avait prouvé par l'analyse géologique, une bonne fois pour toutes, que la chute d'un astéroïde était à l'origine de cette gigantesque dépression.

Eugene voulait marcher sur la Lune. Sa santé l'en avait empêché. Alors il continuait d'arpenter la Terre, avec sa femme Carolyn, à la recherche de cratères méconnus. C'est ainsi qu'il avait trouvé la mort, en 1997, sur une route d'Alice Springs, dans le désert australien. Grâce à son amie Carolyn Porco, la « grande dame » de la planète Saturne, ses cendres furent déposées sur la Lune, en juillet 1999, par la sonde Lunar Prospector, avec une photographie de Meteor Crater et cinq vers tirés de *Romeo and Juliet* que Noah connaissait par cœur :

Des astres

And when he shall die
Take him and cut him out in little stars
And he will make the face of heaven so fine
That all the world will be in love with night
And pay no worship to the garish sun

La découverte, en 1993, par les Shoemaker, de la comète qui porte leur nom, puis sa chute annoncée et spectaculaire, l'année suivante, sur la surface tourmentée de Jupiter, devait leur assurer une gloire mondiale. Mais pour Kevin, Eugene restait le maître de Meteor Crater et le seul homme reposant sur la Lune…

C'était prévisible : son année sabbatique n'éloignerait pas Kevin du firmament. Il prit l'avion pour Santiago du Chili et gagna La Silla, sur les hauts plateaux andins, au cœur du désert d'Atacama. Il souhaitait depuis longtemps rencontrer la *dream team* menée par Didier Queloz et Michel Mayor, les Genevois qui avaient découvert, en 1995, la première exoplanète, autour de l'étoile 51 Pegasi, à 48 années-lumière de la Terre. Et puis comment résister au ciel d'Atacama, le plus pur du monde, à 2 500 mètres d'altitude et loin, très loin, de toute ville ?

Cette première exoplanète avait suscité une surprise énorme, moins par son existence que par sa position : grosse planète gazeuse qui ressemblait à Jupiter, elle tournait en quatre jours autour de son étoile, qu'elle frôlait presque. Personne ne s'attendait à ça. Elle n'avait pu se former à *cet* endroit. Elle avait donc bougé. Le thème spéculatif de la *migration* des planètes avait pris soudain une importance capitale. Noah, qui se méfiait de Jupiter, s'était emparé avec passion d'un concept qui rejoignait ses réflexions sur les résonances orbitales. Ses calculs le conduisirent, avec d'autres, à penser que les migrations des planètes géantes vers leur soleil avaient pu, dans les premiers âges d'un système stellaire, se dérouler sur des temps astronomiques très courts, de quelques dizaines de milliers d'années. Kevin admirait chaque nuit, sous les coupoles de La Silla, la beauté cataclysmique de l'univers. Du coup, ce faubourg provincial de la galaxie qu'on appelle le Système solaire lui semblait presque trop paisible pour être vrai.

Dans les derniers jours d'avril 2009, Kevin retrouva comme convenu Brian Mars et ses amis de Harvard à Grenade, pour la première Conférence mondiale sur la Défense de la Planète, « *Planetary Defense Conference : Protecting the Earth from Asteroids* ». L'atmosphère était à l'optimisme : on arrivait au bout du dénombrement des objets majeurs ; les calculs de trajectoires avaient réduit les risques de collision à presque zéro ; l'affaire du petit astéroïde 2008 TC3, qui s'était écrasé sur le nord du Soudan le 7 octobre 2008, à l'endroit et à l'heure calculés deux jours plus tôt par le réseau mondial de détection, démontrait les progrès accomplis en matière de possible alerte des populations.

En outre, l'année 2009 marquerait l'entrée en service du premier des quatre télescopes Pan-Starrs installés à Hawaï, au sommet du Haleakala. Ces télescopes seraient chargés de « scanner » en continu la totalité du ciel nocturne et de comparer sans relâche, par des procédures automatiques, les prises de vue successives, afin d'y repérer l'apparition et les mouvements des plus infimes objets. La liste des NEA était donc promise à une croissance rapide, en particulier pour les astéroïdes d'une taille comprise entre 300 et 1 000 mètres.

Noah jugeait cet optimisme général un peu complaisant. C'est alors que le 19 juillet, un événement extraordinaire le ramena à ses premières amours et à ses inquiétudes lancinantes : un gros astéroïde venait de s'écraser sur Jupiter. Depuis l'Australie, un astronome amateur, Anthony Wesley, avait donné l'alerte. Le télescope à infrarouges de la NASA, situé au sommet du Mauna Kea, à Hawaï, fut aussitôt braqué sur la planète : une sorte de cicatrice géante, couleur de sang séché, barrait la couverture nuageuse, un peu au-dessus du pôle Sud. Elle avait la taille de l'océan Pacifique.

Pour un astronome rompu aux statistiques comme Kevin, et pour un jeune homme qui avait fait ses classes avec Eugene Shoemaker, cette date du 19 juillet était tout simplement stupéfiante : les énormes débris de la comète Shoemaker/Lévy s'étaient abattus sur Jupiter, 15 ans plus tôt, entre le 16 et le 22 juillet 1994, laissant dans les nuages des gouffres rougeoyants de la taille de la Terre. Le 19 juillet était au centre de cette séquence. Et un autre 19 juillet, il y avait 40 ans jour pour jour, l'homme avait posé le pied sur la Lune. De ces improbables coïncidences, Noah tirait une conclusion d'une haute portée pour le sort de la Terre : la Nature ne se pliait pas à la statistique ; en l'occurrence, elle la narguait.

La bonne humeur un peu forcée qu'il avait reprochée aux discussions de Grenade semblait se prolonger dans les réactions à *l'affaire Jupiter*. C'était un concert de louanges, y compris parmi ses amis astrophysiciens, adressé à la bonne géante du Système : d'année en année, de siècle en siècle, elle continuait vaillamment à balayer l'espace, à prendre les coups sans broncher, à faire place nette pour que le genre humain pût s'épanouir dans le confort d'une longue paix cosmique. Ces compliments, cette gratitude, lui soulevaient le cœur. Kevin savait que Jupiter, comme le dieu antique dont il portait le nom, était capable des pires turpitudes.

Il songeait à l'étrange famille des Alinda, ces astéroïdes fantasques, qu'une double et dangereuse résonance de 1 : 3 avec Jupiter et de 4 : 1 avec la Terre, rapprochait chaque année davantage de notre planète. La chose était d'autant plus inquiétante que dans ce moment de leur parcours qui les amenait à nous frôler, ils se dissimulaient longuement dans l'éclat du

Soleil. 2608 Seneca n'avait pas été vu depuis 1994. On avait perdu la trace de Quetzalcoalt depuis 1985. Quant à Styrinx, dont Kevin avait démontré qu'il devait à nouveau approcher la Terre de près en 2059, 2070 et 2085, il était lui aussi invisible depuis 25 ans. Kevin était bien placé pour savoir combien la trajectoire de ces corps errants était sensible aux plus légères perturbations gravitationnelles et combien la marge d'erreur était forte sur les coordonnées prévisibles d'un rendez-vous.

Il songeait plus encore aux Troyens, ces millions d'astéroïdes de toutes tailles, rassemblés autour de L4 et L5, les deux points de Lagrange où s'annulent la gravitation de Jupiter et celle du Soleil. Ils se pelotonnent, comme les grains de sable dans les figures de Chladni, sur les lignes nodales. On estime qu'il y a parmi ces rochers qui tournent lentement autour de ces deux points, tout en suivant ou en précédant Jupiter dans sa révolution, un demi-million d'objets de plus de 2 kilomètres, et plus d'un million d'objets de plus de 1 kilomètre. On y trouve aussi quelques « monstres », comme 624 Hector, qui s'étire sur plus de 100 kilomètres. Ces « moutons noirs » – dont un seul, percutant la Terre, y anéantirait toute vie – étaient-ils bien gardés ? Eugene et Carolyn Shoemaker avaient naguère répondu non : ils estimaient que plus de deux cents Troyens d'une taille supérieure au kilomètre s'étaient échappés du bercail lagrangien et erraient dans le Système solaire.

Au fur et à mesure que s'affinait l'analyse dynamique de cette grande « famille », l'inquiétude montait. Le très respecté *New Scientist* avait parlé, en février 2009, de potentiels « *assassins planétaires planqués dans ces nœuds lagrangiens* ». C'est qu'à la résonance de Jupiter, il fallait ajouter celles des deux géantes voisines, Uranus et Neptune. Les calculs révélaient alors une instabilité croissante : la foule des Troyens se montrait moins disciplinée, plus encline à des mouvements incontrôlés, à la rébellion.

Kevin eut une intuition simple et terrible : toutes les simulations, sans exception, considéraient comme une donnée intangible la période de révolution sidérale de Jupiter – 11 ans et 314, 84 jours. Si pour une raison encore inconnue cette période se modifiait sensiblement, le fragile équilibre autour des points de Lagrange volerait en éclats. Personne, depuis longtemps sans doute, n'avait eu l'idée d'aller vérifier la vitesse orbitale de Jupiter. On savait qu'elle était maximale à 13,72 km/s, minimale à 12,44 km/s. Noah appela l'un de ses vieux amis au Harvard College Observatory. Un coup de fil de Noah méritait écoute et respect ! Kevin resta évasif, sauf sur un point : l'urgence d'une mesure fine de la vitesse orbitale instantanée de Jupiter et la nécessité du secret en cas d'anomalie.

Le surlendemain, il était fixé : la VOI était tombée à 10,52 km/s. Du jamais vu. Les Troyens allaient passer du slow au rock ! Et ils seraient des dizaines à quitter le *dance floor* en direction du centre du Système. La Terre était en danger. Noah eut un sourire triste : il pensait à ses collègues astronomes anglais, ces « néocatastrophistes » dont les Américains se moquaient gentiment lors des Rencontres de Cambridge. Il devinait qu'ils auraient le triomphe modeste, qu'ils appelleraient au calme, qu'ils diraient à leurs amis soudain affolés de Lowell et de Kitt Peak, de Boston et de Hawaï : « *Take it easy, my friends. So far, so good.* »

Lunae mutabile ingenium

La Lune est un astre mort. Et l'homme supporte mal sa solitude cosmique. Il nous vient, de ce temps pas si lointain où les premiers astronomes observaient notre sœur nocturne, la peuplant amoureusement de Sélénites, des « mers » aux noms très doux, ainsi la mer du Nectar ou encore celle des Nuées. On s'est souvent demandé pourquoi l'Amérique, dont le drapeau flotte encore sur *Mare Tranquillitatis*, avait laissé passer près d'un demi-siècle avant d'envisager un retour sur la Lune. Toutes sortes de raisons furent avancées : politiques, sociales, sonnantes et trébuchantes.

La vérité est plus simple. Les infirmiers astronautes avaient confirmé *de visu* le diagnostic à distance des médecins astronomes : la Lune était bien morte. On lui avait tâté le pouls sur place : rien ; corps gris et froid ; *rigor mortis*. Pour plus de sûreté, on était allé regarder de près sa face cachée – *the far side* – et c'était pire encore : une vieille peau rugueuse, grêlée, sans même la joue lisse d'une « mer » de basalte. Du coup, on se contenta de rapporter sur Terre quelques cailloux sans éclat. Après quoi, on ouvrit le grand tiroir de la morgue intersidérale : on y déposa délicatement le cadavre de la Lune et l'on referma la boîte sans faire de bruit. Personne n'avait protesté. L'humanité était pressée de retrouver sa Lune de toujours, la pâle déesse, la Reine de la Nuit, immuable certes, mais vivante pourtant, d'une vie féerique et fragile, d'une vie qu'elle avait cachée à ceux qui la foulaient aux pieds, à l'instar de ces êtres farouches qui pour échapper à la mort font le mort aussi longtemps qu'il faut.

Les grands télescopes sont aujourd'hui braqués sur le cœur de la galaxie ou sur les confins de l'univers. Comme l'a dit un jour John « BigToe » Peabody, un ancien de Palomar, spécialiste du Nuage de Oort : « *Un programme d'observation de la Lune ? Pourquoi pas nous filer des jumelles pour regarder si nos gros orteils sont toujours en place !* » D'où le surnom

« *BigToe* », qui lui est resté. Jusqu'en janvier 1994, date du lancement de Clémentine, qui se plaça en orbite autour de la Lune et la photographia sous toutes ses coutures, l'observation de notre satellite fut pratiquement laissée aux seuls astronomes amateurs. Et que faisaient-ils ? Ils guettaient, amoureusement, les signes éphémères de sa vie cachée. Car voici la chose extraordinaire que les meilleures revues scientifiques ont longtemps ignorée, la tenant pour quantité négligeable ou pour marchandise douteuse : la Lune tremble, respire, soupire ; elle a ses vapeurs, ses écharpes de brume et le rouge, parfois, monte au front de ses cratères. Mais ces mouvements d'humeur sont si discrets, si passagers, qu'il faut en effet un œil amoureux pour en tenir la chronique.

Ces manifestations fugitives ont un nom, désormais reconnu et accepté par la communauté des savants : les *Phénomènes Lunaires Transitoires*, en anglais *Lunar Transient Phenomena*, L.T.P. Parmi les rares astronomes qui se soient pris de passion pour la chose, on doit citer une femme, le Dr Winifred S. Cameron, qui a rassemblé à la fin des années 70, dans une compilation qui fait autorité, des centaines d'événements furtifs. Elle a fait grand cas des témoignages des astronomes du XIXe siècle, ceux qui, cartographiant la Lune, ne la lâchaient pas des yeux : ils furent les premiers à décrire de manière précise de vives lumières, des fluorescences, des changements de couleur, (Madame Cameron elle-même eut la chance de voir un cratère passer soudain au *rouge rubis*), des obscurcissements ou des effets de brouillards masquant les reliefs.

Dans la seconde moitié du XXe siècle, les observations scientifiques se multiplièrent, y compris celles que firent, en orbite autour de la Lune, les astronautes du programme Apollo. Le catalogue de Madame Cameron montrait clairement que certains lieux, que certaines régions, étaient propices à ces phénomènes. Ils se reproduisaient dans tel cratère, alors que tel autre n'en avait jamais connu. Dans le quart nord-ouest de la face visible, le cratère Aristarchus, le cratère Herodotus et la Vallis Schröteri totalisaient à eux seuls, au tournant du siècle, plus d'un demi-millier de phénomènes transitoires. L'immense cratère Plato avait été le siège de plus d'une centaine de manifestations lumineuses. En 1969, peu avant le premier débarquement de l'homme sur la Lune, deux astronomes qui observaient la Lune en infrarouge pendant une éclipse de Terre, remarquèrent que les cratères Aristarchus, Copernicus et Tycho se refroidissaient beaucoup plus lentement que les terrains qui les environnaient, comme s'ils étaient en contact avec un sous-sol chaud et actif.

Il faut ici saluer la Section lunaire de l'ALPO (*Association of Lunar and Planetory Observers*) qui rassemble astronomes amateurs et professionnels et maintient sous surveillance quelque 200 sites coutumiers des phénomènes. Pour les expliquer, une bonne dizaine d'hypothèses ont été récemment avancées. Les plus solides tournent autour de l'idée d'un volcanisme résiduel : la Terre, en soulevant l'écorce lunaire par effet de marée, provoquerait de légers séismes ; de minces failles s'ouvriraient, laissant passer des gaz qui, excités par la violence du rayonnement solaire, émettraient des ondes lumineuses de fréquences variées. Quant aux flashes intenses, ils pourraient être causés par de discrètes explosions ou par des manifestations électriques.

Les phénomènes transitoires seraient restés l'apanage d'un petit groupe d'amoureux de la

Lune si l'astre des nuits n'avait, lors du premier croissant du mois de janvier 2010, déployé des fastes inouïs. On vit s'allumer en quelques heures, sur le clair-obscur du globe lunaire, des centaines de lueurs aux teintes diverses, qui allaient du blanc le plus éclatant au rouge le plus sombre, en passant par des verts et des violets aux tons changeants. Aristarchus ressemblait à la forge de Vulcain, Mare Crisium à un plat de braises, Kepler et Grimaldi à des émeraudes, Proclus et Gassendi à de pâles améthystes. Les sismographes laissés par l'homme sur la Lune signalaient une vibration continue de basse fréquence. En tous lieux des lueurs vives, d'une durée très courte, donnaient l'impression de bouquets d'étincelles.

On imagine le branle-bas de combat dans les observatoires : les coupoles tournèrent ; on afficha les azimuts ; les yeux des astronomes, perdus dans les milliers, dans les millions d'années-lumière, s'accoutumèrent au vif éclat de l'astre de la nuit, si proche, à une seconde-lumière de la Terre, mais soudain moins familier. L'émerveillement, la peur et la perplexité régnaient partout. Si les scientifiques avaient fini par admettre la réalité des phénomènes transitoires, ils ne leur avaient pas donné plus d'importance qu'à des feux follets dans un cimetière. Ils ne les avaient jamais considérés, en tout état de chose, comme les signes annonciateurs d'un possible *réveil* des profondeurs lunaires. Les hommes pourraient continuer de vivre avec une Lune rougeoyante, exhibant de vieilles braises et des feux mal éteints. Mais une Lune coléreuse, volcanique, éjectant dans l'espace des roches ignées qu'un court voyage pourrait mener vers la Terre, ce serait une tout autre histoire. Les amoureux de la Reine de la Nuit se réjouissaient en silence. A dire vrai, l'humanité, soudain insomniaque, retenait son souffle.

De profundis immanis cometa

Voici ce que voyait Olivier Chapel-Stick en ce soir du 15 février 2010, depuis la terrasse de l'observatoire du Pic du Midi : l'archipel des sommets pyrénéens, sur le pâle océan des nuages, s'enfonçait peu à peu dans la nuit ; au zénith s'allumait le ciel pur des astronomes, le ciel des années-lumière où le regard, d'étoile en étoile, de galaxie en galaxie, remontait le temps jusqu'à l'ère des ténèbres. Température : moins dix degrés ; vent nul ; visibilité maximale : rien ne séparait son œil des profondeurs de l'espace.

Chapel-Stick, sonné comme un homme qui vient de gagner le gros lot au tirage de la Saint-Valentin, tentait d'« entrer en possession » des événements extraordinaires de la nuit du 14 et de la journée du 15. Le 14 au soir, les trois

« astrams » (astronomes amateurs) avec lesquels il partageait le télescope T60 du Pic du Midi étaient redescendus dans la vallée pour célébrer en bonne compagnie la fête des amoureux. Il était resté sous la coupole, seul, avec l'envie d'une balade céleste au gré de sa fantaisie. Il laisserait de côté, pour un moment, les savants calculs qui faisaient depuis une semaine l'ordinaire de ses nuits.

Il avait dirigé l'optique vers cette zone un peu clairsemée, à l'ouest de la Grande Ourse, où se tiennent les Chiens de Chasse. Il s'était attardé sur l'étoile principale de cette petite constellation, *Alpha 2 Canum Venaticorum*, plus connue sous le nom de *Cor Caroli*, le Cœur de Charles. Olivier s'amusait de ces histoires qui faisaient un pont de verre entre des astres immémoriaux et des hommes qui vivaient un instant sur la Terre. En 1660, Charles II Stuart était monté sur le trône d'Angleterre : onze ans s'étaient écoulés depuis l'exécution de son père Charles Ier et deux depuis la mort de Cromwell. Le nouveau roi avait prétendu voir briller de mille feux, en cette année de restauration monarchique, l'étoile des Chiens de Chasse. Il l'avait alors dédiée au cœur de son père décapité.

A 110 années-lumière, *Cor Caroli* était l'archétype de ces étoiles à champ magnétique extrême, dont la surface, sans doute parsemée de taches stellaires gigantesques, conférait à l'astre une luminosité très variable. Olivier, la contemplant, s'était dit qu'elle palpitait comme un cœur, en effet, et que le roi n'avait sans doute pas menti : elle avait dû se montrer, parfois, plus brillante que toutes ses voisines de la Grande Ourse. Et il fallait être ici, à près de 3 000 mètres d'altitude, pour retrouver cette grande obscurité qui régnait sur les nuits d'autrefois, ces nuits où ne se voyait aucune lumière, si ce n'est celle des astres, ces nuits où les rois eux-mêmes se tournaient vers le ciel pour éclairer leur marche.

Olivier, sans quitter les Chiens de Chasse, avait encore pointé le viseur vers l'amas globulaire M3 puis vers la galaxie M51, la Galaxie du Tourbillon, dont la majestueuse structure spiralée avait été décrite pour la première fois par William Parsons : le troisième comte de Rosse avait construit dans son château d'Irlande, vers 1850, ce qui fut pendant un demi-siècle le plus grand télescope du monde, baptisé par ses contemporains le *Léviathan de Parsonstown*. « Rosse, s'était dit Olivier, mériterait à coup sûr le titre de Prince des Astrams ! »

Après quoi, il était sorti sur la terrasse, et contemplant à l'œil nu cette région du ciel qu'il venait d'explorer, il lui avait semblé distinguer du coin de l'œil – et les astrams connaissent bien l'acuité nocturne de la vision périphérique – une lueur infime et passagère à quelques degrés au-dessus de *Cor Corali*, en direction de *Mizar Ursae Majoris*. Son rythme cardiaque s'était accéléré. Il avait mis ses mains devant ses yeux, dans l'espoir d'accroître encore la sensibilité de sa vision scotopique. Il regarda à nouveau les Chiens de Chasse, sans les fixer vraiment, laissant son œil errer, tel un homme qui marche en crabe, entre *Mizar* et *Cor Corali*. A nouveau, l'espace d'un dizième de seconde, il avait cru voir un léger flocon de lumière ; mais il ne pouvait jurer de rien.

Il avait mémorisé le lieu de cette apparition. Il avait rejoint en hâte le T60, l'avait fait glisser de quelques degrés vers Ursa Major et soudain s'était entendu hurler de joie sous la coupole : « Je l'ai ! Je l'ai ! Je suis le roi des chiens de chasse ! » Ce qu'il voyait maintenant, sans l'ombre d'un doute, c'était la *coma*, la chevelure naissante, intermittente, d'une lointaine comète ; un pâle feu follet, qui semblait s'éteindre avant de se rallumer ; une incertaine veilleuse, dont la flamme tirait vers le bleu. Est-ce qu'il arriverait à prendre de vitesse des centaines d'astronomes, professionnels et amateurs, les sondes spatiales spécialisées, les observatoires automatisés de Hawaï, le programme Linear, les télescopes du Sky Survey au Mont Palomar, ceux de Spacewatch à Kitt Peak ? Toute l'aristocratie des coupoles avait défilé dans son esprit. Il s'était précipité sur le répertoire américain. Le décalage horaire jouait pour lui. Il avait, sur un ton de grande modestie, décliné son identité et les coordonnées de sa découverte au Minor Planet Center, à Harvard. Il avait appelé, réprimant le tremblement de sa voix, Palomar et Kitt Peak. Le sort en était jeté. Dès le matin du 15, il avait joint le bureau de Catherine Cesarsky, la grande dame de l'astrophysique, ancienne directrice de l'Observatoire Européen Austral au Chili, aujourd'hui présidente de l'Union

Astronomique Internationale : c'était l'UAI qui nommait les corps célestes, à commencer par les comètes.

Il avait voulu chasser cette affaire de nom qui commençait d'encombrer son esprit. Mais il n'y était pas arrivé. La comète Chapel-Stick ! Ce serait la reconnaissance de sa passion, de la place éminente du ciel et de l'espace dans sa vie. Il s'était fait quelques soucis : il connaissait la tradition qui voulait qu'on donnât à une comète, s'il y avait deux découvreurs simultanés, ce qui arrivait très souvent, un nom composé des deux patronymes. On avait ainsi, pour citer des astres récemment apparus, les comètes Swift-Tuttle, Schoemaker-Lévy, Hale-Bopp, Churyumov-Gerasimenko... Olivier s'était dit que, même s'il était un découvreur unique, comme West ou Hayutake avant lui, il y aurait toujours des esprits curieux ou ironiques pour demander qui était Chapel et qui était Stick. Il en était venu à maudire son trait d'union et s'en voulait, bien sûr, de ces pensées dérisoires...

Avant midi, tout avait basculé. Non seulement la découverte était confirmée, non seulement elle lui était attribuée – il avait eu pour lui-même cette réflexion assez vraie : « les Chiens de Chasse ne sont pas un coin à la mode. Personne n'y va. Trop loin du plan de l'écliptique. Que des trucs archiconnus. C'était ma chance » – mais ce qu'il avait découvert était une chose énorme, effrayante, monstrueuse. La moitié des télescopes du monde s'étaient tournés vers elle. Et les calculs concordaient.

L'objet était encore à 8,5 Unités Astronomiques du Soleil (soit 1 275 millions de kilomètres), bien au-delà de l'orbite de Jupiter, plus près de celle de Saturne, et le « dégazage » avait déjà commencé. Cela signifiait qu'il était riche en matières volatiles se sublimant à très basses températures et qu'il s'aventurait pour la première fois dans une zone « chaude » comme le Système solaire. Ensuite, sa taille massive (environ 600 kilomètres de diamètre) l'apparentait à ces grands objets transneptuniens découverts au début du siècle, que les astronomes avaient bizarrement baptisés *cubewanos*, et dont beaucoup entraient dans la catégorie des planètes naines. Mais le pire était ceci : sa vitesse était de l'ordre de 90 km/seconde, plus du double de celle de la comète Hale-Bopp lorsqu'elle se trouvait à l'approche de l'orbite de Jupiter.

Cette vitesse – qui faisait parcourir à l'objet près de 8 millions de kilomètres par jour – semblait précisément exclure qu'il pût appartenir, à l'origine, à la ceinture de Kuiper, ou même au mythique Nuage de Oort, à près d'une année-lumière du Soleil, ces vastes réservoirs, plutôt paisibles, de corps célestes en tous genres, astéroïdes, comètes, planètes naines…

Il convenait de formuler l'hypothèse suivante : le Système solaire était traversé, pour la première fois de mémoire d'homme, par un corps céleste d'origine interstellaire, qu'une perturbation gravitationnelle majeure avait expulsé, il y a sans doute quelques millions d'années, d'un autre système stellaire. Hypothèse qui paraissait renforcée par une orbite hyperbolique : l'objet, à la différence d'une comète classique, ne reviendrait jamais hanter notre système. La bonne nouvelle était que sur cette orbite, qui faisait un grand angle avec le plan de l'écliptique – celui des planètes – le « monstre » éviterait toute rencontre rapprochée, a fortiori toute collision, avec l'une ou l'autre de ces planètes.

Il eût été fascinant d'envoyer, comme on l'avait fait pour de récentes comètes, une sonde spatiale à sa rencontre : mais à la vitesse qui était la sienne, et compte tenu de son accélération constante au fur et à mesure qu'il se rapprochait du Soleil, cet objet mystérieux serait dans la grande banlieue de la Terre dans moins de trois mois.

Sa double nature de planète naine, par sa taille et sa rotondité, et de comète, par la sublimation de son enveloppe, laissait prévoir qu'il deviendrait assez vite, et pour quelques semaines, l'objet le plus lumineux du ciel après le Soleil : on le verrait en plein jour et la nuit ne serait plus vraiment la nuit. La grande comète Chapel-Stick était née. A titre conservatoire, en attendant de se prononcer sur sa vraie nature, l'UAI s'apprêtait à l'enregistrer sous ce nom et sous la désignation C/2010 C 2.

Sur la terrasse de l'observatoire du Pic du Midi, professionnels et « astrams » vinrent entourer Olivier. Sa gloire naissante rejaillissait sur toute l'équipe et sur l'Association T60, qui avait tant fait pour sauver le vieux télescope et le mettre à la disposition des amateurs éclairés. Olivier suggéra que les scientifiques auraient fort à faire pour empêcher une grande peur de gagner l'humanité. « Vous avez déjà compris, mes amis, que la Terre va baigner pendant des mois dans cette lumière sidérale éblouissante. Ce sera magnifique, mais plus encore angoissant, même pour nous. La violence du cosmos, que nous avons l'habitude de contempler de très loin, paraîtra toute proche. La collision, même si elle est hors de question, sera toujours présente à l'esprit des gens. Quant à l'hypothèse d'une dislocation explosive de Chapel-Stick, elle n'est pas à exclure... » Il s'arrêta au milieu des rires, conscient du double sens de sa phrase.

DES SENS DE L'HOMME

Mendax manus

Sans doute ne fut-il pas le premier à montrer les symptômes de la « main menteuse », que les médecins désignent, de manière générale – car les manifestations en sont diverses – du terme d'*agnosie tactile*. Mais il fut le premier, à coup sûr, à susciter à travers l'Europe un sentiment très vif, où se mêlaient la surprise et la curiosité, la crainte et la compassion. Car Giorgio Filicudi était un homme ordinaire, un *uomo qualunque*, dont la vie sortait pourtant de l'ordinaire, placée qu'elle était sous le signe de la beauté, comme il arrive souvent en Italie, où la beauté, à cause de sa profusion même, semble échapper aux barbares et au temps. Il faut donc, pour bien parler de Filicudi, le prendre, comme diraient les Latins, *ab ovo*.

Il était né, vers le milieu des années 60, à

Conca dei Marini, sur la côte amalfitaine. C'est un paysage mythologique, qui n'a guère changé depuis les Romains. Etre enfant sur cette côte fait de vous, plus tard, un homme enraciné dans une vision antique du monde, autant dire magique. Giorgio nageait dans les eaux couleur d'absinthe de la Grotta dello Smeraldo ; il ramait jusqu'au port d'Amalfi ; il descendait en zigzag, comme une chèvre, des hauteurs de Scala jusqu'à la mer, à travers les sombres vergers de citronniers. Il grimpait, en riant aux éclats, jusqu'au monastère haut perché de la glorieuse *Santa Rosa da Lima delle Indie Meridionali*, la Sainte-Rose de Lima des Indes du Sud. De là, on voyait la mer jusqu'à Capri et la terre jusqu'au Vésuve. Les fils des pêcheurs de thon allaient y caresser des *ragazze* aux seins durs dans les cellules désertées du cloître. Giorgio descendait aussi sous la mer, au pied des falaises, cueillir *l'oro rosso*, l'or rouge du corail, qu'il allait vendre un bon prix à Torre del Greco aux lapidaires de la Noblesse Noire. Dans la barque, son ami Gianni tenait la corde de rappel. Il lui cédait un quart de la recette.

Sa famille habitait en bas, au *borgo marinaro*. Son père avait fait la *tonnara* jusqu'à la fin des années 50. Il lui racontait les grands poissons couleur d'acier qu'on poussait à travers la pêcherie, de « chambre » en « chambre », jusqu'à la *camera della morte*, la chambre de la mort ; et le cri du patron, qui ordonnait la *Mattanza*, le massacre. Les cloches de Santa Rosa, de San Pancrazio, de San Giovanni Battista, sonnaient alors à toute volée – et sur le rivage de Conca, au pied de la chapelle votive de Sainte-Marie-des-Neiges, les enfants nus se baignaient dans le sang.

Le soir, avant de s'endormir, Giorgio regardait longuement la photographie de la *Transverbération de Sainte-Thérèse*, que sa mère avait accrochée dans un cadre doré, à son chevet. Elle lui avait dit que c'était la plus grande chose de Bernini, que sa main avait été véritablement guidée par Dieu. Giorgio ne la contredisait pas. Si Bernini avait eu des arrière-pensées, il n'aurait pas à ce point évoqué l'extase charnelle, il n'aurait pas donné à l'ange un sourire aussi lascif, il n'aurait pas déséquilibré la sainte jusqu'à l'instant de son basculement, il n'aurait pas donné à sa robe de bure l'aspect d'une mer agitée... S'il avait eu des arrière-pensées, Bernini se serait éloigné du récit de Thérèse, du « dard doré », du « feu » à son extrémité, de la pénétration « au plus profond » de ses entrailles, des « gémissements », de « la douceur de cette douleur », de tout ce que Giorgio lisait sous l'image de la sainte en extase, de tout ce qu'elle avait dit, sans rien cacher, de ses propres sensations. Bernini lui avait été fidèle. Il était pur et mystique comme elle. Mais Giorgio avait vingt ans et il n'était pas le premier à faire un lien entre les gémissements de la Thérèse du Bernin et ceux de la Cristina de Conca dei Marini avec laquelle il faisait l'amour sous les ogives de Santa Rosa. Bernini ne le conduisait pas vers Dieu. Mais vers la chair. Et aussi vers Bernini. Représenter ces gémissements avec du marbre, vous mettre le ventre en feu avec du marbre, ce mystère-là l'intriguait beaucoup plus que celui de l'Eucharistie.

De son lit, Giorgio voyait la mer et sur la mer *Li Galli*, Les Coqs, les trois îlots frangés d'écume qu'habitaient les Sirènes au temps d'Ulysse : La Rotonda, I Briganti et Gallo Lungo. Il savait que sur Lungo s'étaient succédé Massine et Noureev. Il connaissait le nom de ces danseurs russes parce que son voisin, le sénateur Mario d'Urso, qui avait hérité de l'ancienne capitainerie du port, lui en avait parlé. Mario l'avait pris en amitié. Il recevait chez lui les Agnelli, les Colonna, les Américains, dans la droite ligne de son père, le grand avocat napolitain qui connaissait toutes les reines d'Europe et toutes les *prime donne*. Mais Mario, lui, voulait aussi aller en barque avec les fils des pêcheurs de thon. Au large des Galli, autour d'une salade de poulpe, ils évoquèrent le Bernin. Ainsi Giorgio apprit-il qu'à la Villa Borghese, à Rome, on peut voir les doigts puissants de Pluton s'enfoncer dans la cuisse de Proserpine, fille de Cérès. Le marbre fait chair… Il voulait plus que jamais s'approcher de Bernini. Mario d'Urso le fit entrer dans un « département d'avenir » des Carabinieri, la *Tutela Patrimonio Culturale*. « A un moment ou à un autre, lui lança le sénateur de Campanie, tu y rencontreras le Bernin ! Moi, je peux t'avoir une audience chez le Pape ; mais Bernini, c'est ton affaire, maintenant ! » Le marchepied était bon. Dix ans plus tard et trois chefs-d'œuvre volés récupérés au terme d'enquêtes brillantes – nous étions alors au début des années 2000 –, Giorgio Filicudi fut nommé, à 35 ans, chef de la sécurité à la Villa Borghese.

Le soir venu, la Villa close et déserte, le capitaine Filicudi, maître des alarmes, s'approchait d'un pas souple de Proserpine ou de Daphné, mettait ses mains tout près des mains des dieux, caressait des ventres, des seins, des cuisses ; ses doigts parcouraient les « peaux » de pierre que Bernini faisait passer du grain le plus léger à la soie la plus fine. Mais il s'aventurait aussi dans la chevelure d'Apollon ou dans la barbe de Pluton, effleurant les boucles épaisses ; ou bien encore, il mesurait d'un geste arrondi le galbe des mollets d'Enée, tendus par l'effort. Tel était son émerveillement, qu'il croyait parfois distinguer d'infimes variations de température entre aisselles et genoux, gorge et nuque, et riait à la fin de cette illusion. Au bout d'une année à Borghese, il pouvait, les yeux fermés, à un seul détail frôlé du bout des doigts, dire, comme à colin-maillard : « C'est toi, David ! », « C'est toi, Anchise ! », « Je t'ai reconnue, douce Proserpine ! » Et il pensait avec douleur aux lèvres entrouvertes de Thérèse, inaccessibles, sous les rayons d'or de la Chapelle Cornaro.

Giorgio regardait avec gratitude ses propres mains, qui lui donnaient tant de belles émotions. Il connaissait des chiffres étonnants, comme celui-ci : deux mille terminaisons nerveuses par millimètre carré pour la pulpe des doigts. Le Bernin, soupirait-il, devait en avoir le triple, le centuple… Après tout, comme carabinier, Filicudi en savait plus sur les mains que bien des généralistes : des empreintes digitales à la connaissance intime de la main, le pas était vite franchi pour un esprit curieux. Et son patriotisme d'officier avait été flatté de constater le rôle fondamental des chercheurs italiens dans ce domaine : le Florentin Filippo Pacini, découvreur en 1835 des grands corpuscules qui portent son nom et qui renseignent la main sur les vibrations ; Angelo Ruffini qui, au début du siècle dernier, identifia d'autres corpuscules, sensibles à la chaleur ; le grand Camillo Golgi, enfin, Prix Nobel de médecine en 1906 qui, entre cent autres découvertes, isola les petits corpuscules spécialisés dans la détection des pressions légères. Giorgio, à l'occasion d'une filature à Pavie, était tombé sur sa statue dans la cour de la vieille université : le socle évoquait, en vers, la description que Golgi avait faite de *la segretta struttura del tessuto nervoso*. La structure secrète du cerveau, de l'œil, de la main du Bernin, voilà ce qui resterait à jamais caché et que lui, Giorgio Filicudi, approchait plus que d'autres, nuitamment, dans la pénombre dorée de la Villa Borghese.

C'était un soir de mars. Les petits jardins à l'ancienne qui avaient été aménagés aux abords de la Villa embaumaient déjà le printemps. Le Capitaine avait terminé sa tournée vespérale. Les écrans des moniteurs respiraient le calme des maisons bien tenues. L'éclairage de veille dispensait dans les salles une lumière douce et accueillante. Il se dirigea vers *La Vérité dévoilée par le Temps*. Il y avait des mois qu'il n'avait pas caressé ses formes opulentes, qui faisaient dire aux historiens de l'art qu'elle était « la plus Rubens » des allégories du Bernin. Il se mit à genoux devant elle. Dans l'instant où ses mains se posèrent sur les jambes voluptueuses, il poussa un cri terrible : il crut, au premier abord, qu'un fou, qu'un pervers, avait réussi, il ne savait comment, à marteler le marbre avec un diamant. Il braqua une torche sur les membres de *La Vérité* : on n'y voyait pas le moindre défaut, pas la plus petite altération. Il eut une bouffée d'angoisse. Il s'approcha de la statue, étendit sa main droite vers un bras, l'effleura de ses doigts. Il éprouva la sensation d'un grossier papier de verre. Il se pencha et passa à nouveau sa main gauche sur la jambe droite : c'était, comme à la minute d'avant, une impression affreuse de creux et de bosses. Il rendit une visite à Daphné, une autre à Proserpine : les choses empirèrent. Un marbre le brûla. L'autre lui parut garni d'épingles, comme un coussin de couturière.

Il aurait voulu en rire, tant cela ressemblait à des tours de magie. Mais il sentait bien que les choses étaient graves. Il courut vers la salle de contrôle. Il se saisit d'un téléphone, ressentit un nouveau choc : son toucher lui donnait la certitude de tenir dans sa main une boule d'acier très froide et très lourde. Son regard seul le détrompa. Il ne pouvait donner un nom à ce qui lui arrivait mais il était conduit à envisager un complet dérèglement des terminaisons nerveuses de ses mains : ces fameux corpuscules, découverts 120 ans plus tôt par les Italiens, se moquaient affreusement de lui. Il composa le numéro avec peine : chaque touche pénétrait son doigt comme la pointe d'une punaise. Mario d'Urso lui répondit, étonné d'un appel si tardif. Filicudi, d'une voix haletante, se raconta. Le sénateur lui donna les coordonnées de Giuseppe Di Travolta, célèbre neuropsychiatre romain. Giorgio s'enquit s'il pouvait sans crainte lui parler de ses petits rituels berniniens. « *On les paye pour le secret, plus encore que pour les soins !* », répondit Mario.

Il fallait s'y attendre. Moins d'une semaine plus tard, le *Corriere della Sera* titrait en Une : « *Fantastique cas d'agnosie tactile. Les mésaventures d'un amoureux du Bernin.* » Le retentissement donné aux troubles du capitaine Giorgio Filicudi eut pour effet de rendre les Italiens, à commencer par les hypocondriaques, très attentifs aux impressions que véhiculaient leurs mains, dont on sait qu'elles sont traditionnellement agitées et promptes au contact physique des biens et des personnes. Ce qui dominait, dans l'affaire Filicudi, c'était *l'anhylognosie* – l'incapacité d'identifier correctement les qualités intrinsèques des objets, leur densité, leur poids, leur température – et *l'astéréognosie* – l'incapacité de reconnaître un objet par la palpation.

Ces troubles, quoique rares, étaient répertoriés depuis plus d'un siècle et les neurosciences les avaient associés à des lésions précisément localisées, touchant le cortex dit sensitif-associatif. Ce qui jeta la Faculté dans le plus grand embarras, c'est qu'en dépit d'examens approfondis et réitérés, on ne découvrit pas la moindre trace de lésion ou de tumeur chez Filicudi. Son dérèglement tactile, soudain, violent, et qui ne régressait pas, fut du coup attribué par certains médecins à des causes purement psychologiques, voire à un pari fou pris avec un collègue. Le pauvre capitaine eût horriblement souffert de ces allégations indignes, si de nombreux cas comparables au sien ne s'étaient déclarés dans les semaines suivantes, et pas seulement en Italie. En France, *Le Monde*, qui avait d'abord pris la chose à la légère, dans un éditorial joliment titré *Manque de Tact*, rectifia le tir dans une page scientifique quinze jours plus tard. A l'évidence, un mal insidieux s'attaquait au toucher. Au Japon, Ito Okata, une jeune pianiste prodige, abandonna brusquement l'instrument, au beau milieu d'un concert : elle expliqua, en larmes, que les touches, sous ses doigts, étaient devenues rondes et chaudes, « *exactement comme les saucisses d'un hot dog* », avait-elle précisé. En Angleterre, un peintre célèbre avait envoyé au *Guardian* un témoignage plein d'humour, et néanmoins poignant, sous le titre : « *Ma femme est cubiste.* » Un cas qui n'était pas sans rappeler, dans une version « en chair et en os », la malheureuse histoire de Giorgio Filicudi. A Conca dei Marini, la mère du capitaine avait décroché du mur la *Transverbération de Sainte-Thérèse*.

Muscae volitantes

Des maux sans remèdes, on se console assez mal. Que l'on songe aux migraines, à l'arthrose, aux ballonnements... Encore certaines dragées, parfois séculaires, consentent-elles un répit à ces misères-là. Il en est d'autres, moins connues, plus discrètes et si méprisées par le corps médical que ceux qui en souffrent se taisent. Ils finissent par croire, du même coup, qu'ils sont seuls au monde à être affligés de tel ou tel dérèglement. Se taisaient, devrait-on dire, car l'extension universelle de la Toile change le tableau : catalogue des douleurs orphelines ou registre des modestes plaintes, on fera là, si l'on est attentif aux petits malheurs du monde, et aux plus grands qui se préparent, d'intéressantes découvertes.

Prenons le cas des « mouches volantes », les *muscae volitantes* des Anciens. Le grand Galien les avait considérées avec sérieux dès le début de notre ère. Elles furent à l'origine des travaux du Hollandais Frans Cornelis Donders, qui révolutionna l'ophtalmologie au milieu du XIXe siècle. Elles acquirent même une renommée esthétique grâce au pinceau du Norvégien Edvard Munch, qui les représenta dans sa peinture, lorsque sa vision fut altérée, en 1930, par les séquelles d'une hémorragie du vitré, cette masse translucide et gélatineuse qui remplit l'intérieur de l'œil. Mais ces « mouches », appelées encore « corps flottants », qui viennent zigzaguer sur le mur clair ou dans le ciel bleu fixés par ceux qui en sont affectés, sont bien souvent traitées avec un mélange d'indifférence et de légèreté par les médecins des yeux. « Détendez-vous, dormez suffisamment, buvez de l'eau et tâcher d'oublier ces maudites mouches ! », c'est là tout leur conseil. Ont-ils jamais parcouru les cahiers de doléance de la Toile ? Dès l'abord, on est frappé par la jeunesse des « plaignants ». Sur la foi des experts, on croyait les « mouches » une affaire de vieillards, quand de minuscules débris, accumulés par le corps au long d'un siècle, viennent se répandre dans le vitré, jetant une voilette déjà funèbre sur le monde. Pas du tout ! On est ici dans l'impatiente compagnie des jeunes gens. Voici quelques exemples choisis de leurs lamentations :

« Je n'ai pas encore trente ans. Mes premiers souvenirs de mouches remontent à douze ans. J'en dénombre une cinquantaine dans chaque œil : difficile de les oublier ! »

« J'ai une grosse mouche dans l'œil droit. Des filaments translucides comme des nouilles chinoises dans l'œil gauche. »

« Mes mouches ont leur propre vie. C'est affreux. »

« J'ai des corps flottants sur les côtés de l'œil. Parfois, j'ai l'impression qu'il y a quelqu'un à côté de moi. Je me retourne brusquement. C'est plus fort que moi. »

« Vivre avec. Les médecins nous disent tous ça. Ils se fichent de nous. Alors, j'essaye des trucs. Comme de tourner les yeux dans tous les sens, très vite, ça peut aider. »

« Oui, moi aussi, j'ai essayé le saut à l'élastique et le grand huit pour essayer de déplacer ces saletés ! Résultat nul ! »

« J'ai un grand rideau de perles devant les yeux : je ne verrai plus jamais le monde comme avant… »

« Mes mouches sont dans l'œil gauche. Je passe mes journées à cacher cet œil avec la main, pour éviter de les voir. Comment diable faites-vous pour les oublier ? »

Dans les cas graves et handicapants de *myodésopsie* – c'est le nom savant de ce trouble oculaire – on peut avoir recours à l'une ou l'autre de deux opérations risquées : la vitrectomie (le remplacement du vitré) ou le bombardement laser des corps flottants. Pour les « mouches » et autres « nouilles chinoises » de taille standard, on recommande le port systématique de lunettes de soleil, l'assombrissement de l'œil garantissant une moindre visibilité des corps flottants.

La *myodésopsie* ne serait pas sortie du champ de ce que les Américains nomment le *benign neglect*, l'indifférence bienveillante, si des choses curieuses n'avaient commencé à se produire, précisément aux Etats-Unis, à l'automne de l'année 2009. Los Angeles est une ville, on le sait, où le soleil règne sans partage pendant dix mois sur douze, où les stars s'abritent derrière des lunettes noires, où le commun des mortels en porte aussi, et de plus grandes, pour faire croire, à la seule vue de ses dents et de ses lèvres, qu'on l'attend à la Century Fox ou chez Warner Bros. Il eût donc fallu un observateur très attentif pour remarquer, en ce glorieux mois de septembre, qu'il devenait presque impossible de croiser un regard, que les yeux les plus beaux se cachaient obstinément, même sur le côté ombre de Sunset. Qui aurait osé avouer, dans cette ville où la santé, la forme, les apparences font tant, qu'un voile étrange, qu'un voile intérieur, se déployait insidieusement entre les Angelenos et le monde ? Ce n'était encore qu'un murmure inaudible, des allusions légères, des propos presque enjoués sur les pollens ou sur des poussières venues de la Vallée de la Mort, poussées par un fort vent d'est... Dans cette Mecque du cinéma, où d'admirables actrices avaient affiché sans honte leur cancer, ajoutant l'aura de la douleur à celle de la beauté, personne n'avait encore avoué – puisque par un paradoxe intime, tout était visible à la personne atteinte, mais rien au regard de l'observateur – « *I've got floaters* », « J'ai des mouches volantes. »

Un homme, cependant, était bien placé pour savoir que la situation se détériorait avec une rapidité alarmante. Bill von Braun (petit-neveu du célèbre ingénieur nazi récupéré par les Américains et qui les avait envoyés sur la Lune grâce à sa fusée *Saturne*), s'était fait un prénom à Hollywood comme spécialiste de la destruction au laser des corps flottants. Son taux de réussite était impressionnant et sa réputation parmi les stars était une raison supplémentaire de leur discrétion : « Bill arrangera ça ! » C'était leur credo. Mais quand il les vit accourir par centaines dans sa clinique immaculée de Robertson Boulevard, quand il constata, sur l'écran de son ophtalmoscope, que les *floaters* étaient passés de la mouche au bourdon, que les plus gros – massifs, compacts, symétriques – ressemblaient davantage aux terribles taches d'encre du test de Rorschach qu'à de fins moustiques, quand il entendit les confessions et les plaintes d'enfants perdus de ces *beautiful people*, il comprit qu'il se passait des choses graves.

C'était cela qui l'avait bouleversé, dès l'abord : on n'était pas venu lui montrer, comme naguère, des cheveux d'ange, du vermicelle ou des moucherons. Non, il voyait désormais des formations qu'il aurait jugées, hier, exceptionnelles : d'un côté, des « insectes » monstrueux – des patients lui parlaient, sans se tromper beaucoup, de « tarentules », de « mille-pattes » –, de l'autre, des colliers de perles baroques, des filets de chalutiers, d'épaisses tentures. Il avait eu les larmes aux yeux en entendant Jessica Smith-Lovett, l'une de ces jeunes actrices auxquelles la série « Battle Galactica » avait apporté un début de gloire, lui dire d'un air las : « *Parfois, j'aimerais être aveugle, pour me souvenir du monde tel qu'il était, avant toute cette putain de saleté !* », « *This fucking filth !* », c'est ce qu'elle avait dit.

Les corps flottants de belle taille se prêtaient,

beaucoup mieux que les petits, à la destruction par le laser. La clinique PureEye tournait à plein régime. Mais Von Braun, qui avait appelé successivement tous ses collègues médecins et chirurgiens des yeux, en Californie et au-delà, savait maintenant que l'Amérique faisait face à une sorte de pandémie dont les causes demeuraient totalement incompréhensibles. Quelques jours plus tard, sur le plateau d'une chaîne mexicaine très regardée entre Los Angeles et San Diego, l'acteur Antonio Banderas, la main en visière face à l'éclat des projecteurs, fit un aveu curieux : « *Vous savez, je n'y vois plus grand-chose et je crois que ça soulagerait beaucoup de mes amis californiens qui ont le même problème si l'on commençait à en parler ouvertement.* » Le journaliste qui l'interrogeait se montra très compréhensif : « *Vous voulez dire, Antonio, que vous êtes comme la moitié des gens dans ce studio, vous êtes gêné par des grosses mouches et les insecticides ne marchent pas !* » L'acteur esquissa un demi-sourire : « *En plein dans le mille, mon vieux !* » Les ophtalmos, eux-mêmes touchés, continuèrent à recommander à tous une vie équilibrée, sans alcool, sans excès alimentaire, sans stress. Mais le message ne passait plus. Beaucoup se jetèrent avec une frénésie décuplée dans le mouvement du monde, dans la *movida*, comme disait Banderas, par haine des *muscae volitantes* et parce qu'ils craignaient, non sans raison, de devenir aveugles dans la force de l'âge.

Tinnitus tyrannicus

Il importerait assez peu de savoir qui est
Gardèr Suspey (prononcez *Gardère Sousspaye*),
si ce quinquagénaire d'origine basque et de tem-
pérament hypocondriaque n'était mêlé de très
près aux recherches les plus avancées sur les
acouphènes, que les Anglo-Saxons nomment
tinnitus. (Notons au passage que ces derniers
sont très divisés sur la prononciation correcte
de ce mot, tiré fort à propos de la langue latine,
où il signifiait *tintement* et, déjà, *bourdonnements d'oreille*.) Selon les enquêtes les plus
récentes, entre un cinquième et un quart de la
population des pays développés est touchée
par les acouphènes. Il s'agit, on le sait, d'une
impression auditive et plus précisément d'une
sensation sonore non liée à une onde acous-
tique externe. En clair, la personne sujette aux

acouphènes ne les entendra jamais mieux que dans le plus complet silence. Les médecins parlent donc d'un phénomène subjectif, bien qu'il soit, pour ceux qui en souffrent, douloureusement objectif. Comme le dit avec éloquence et mélancolie la cantatrice américaine Stella Anderson : « *Tinnitus est un vandale qui défigure la musique, dérobe le silence et poignarde la solitude !* »

Dans une minorité de cas, on peut mettre ce trouble en relation avec certaines circonstances physiques déclenchantes, tels un traumatisme crânien, une tumeur, une exposition prolongée à des niveaux de bruit élevés – d'où l'apparition d'acouphènes souvent handicapants chez des ouvriers de l'industrie ou chez des musiciens d'hier et d'aujourd'hui. Pour ne pas citer les fans des *rave parties* et autres concerts à 130 décibels, seuil de la douleur et des lésions irréversibles de l'oreille interne. Ludwig van Beethoven fut longtemps victime d'acouphènes avant de sombrer dans la surdité. Bob Dylan chante, dans *Call Letter Blues* : « *My ears are ringin'/Ringin' like empty shells.* » Mais en règle générale, les acouphènes apparaissent soudainement. Les médecins, pour cacher leur ignorance, parlent alors de *phénomène idiopathique*, c'est-à-dire sans cause connue.

Voilà qui nous ramène à Gardèr Suspey. Décorateur d'intérieur favori des stars du cinéma et du *show business* des deux côtés de l'Atlantique, l'homme vivait dans le plus grand confort, entre ses trois résidences de New York, de Londres et de Biarritz. Il prenait un soin jaloux de sa personne et ne laissait jamais la fatigue ou le stress le terrasser. Ajoutons qu'il avait eu une enfance heureuse, passée sur le port de Saint-Jean-de-Luz, où son père, grand homme du marbre de Sarrancolin et des pierres de la Rhune, possédait la célèbre Maison de l'Infante. La santé de fer de Gardèr et son allure athlétique tournaient en dérision son hypocondrie. Lui-même en riait. Et cependant, par hantise des microbes, il ne pouvait s'empêcher de prendre un mouchoir pour tourner le bouton d'une porte, dès qu'il se trouvait hors de chez lui.

Au printemps de l'année 2008, un soir qu'il lisait un roman de Kazuo Ishiguro dans sa maison de Kensington Square, Gardèr fut assailli par un bruit ample, cyclique, curieusement familier. Il sut, dans l'instant, que ce bruit n'avait rien à voir avec l'endroit où il se trouvait. Il le reconnut au bout de quelques secondes : c'était la rumeur immense des rouleaux qui se brisent sur la côte des Basques, quand la forte houle du golfe de Gascogne vient mourir sur les plages biarrotes. Trois jours plus tard, à bout de nerfs, il songeait à se défenestrer. Une visite au plus célèbre ORL de Harley Street le calma un peu. « *So, Mr. Suspey, you knew nothing about Tinnitus ? I must say your case is an interesting one, quite new, in fact...* »

Ce qui était assez nouveau dans la description des acouphènes de Gardèr Suspey, c'était leur identification à un bruit particulier, connu, lié à un souvenir personnel précis. Habituellement, les acouphènes s'inscrivent dans diverses catégories de sons : tintements, bourdonnements, sifflements, piaulements, ou bien clic-clac, tic-tac, ploc-ploc, ou bien encore bruits répétitifs évoquant des insectes comme le grillon, le criquet, la cigale. On trouve, au sein de ces vastes catégories, des sons extrêmement difficiles à supporter pour les patients : ceux qui ressemblent, par exemple, aux vibrations des ailes d'une mouche coincée dans le conduit auditif, aux pleurs d'un enfant, au rire d'un fou...

C'est bien pourquoi, aux Etats-Unis, acteurs, chanteurs, musiciens par dizaines, apportent leur soutien à *l'American Titinnus Association*, et parmi eux William Shatner, qui incarna le vaillant capitaine Kirk dans *Star Trek* et l'invincible Denny Crane, patron de Crane, Pool & Schmidt, cabinet d'avocats déjantés, dans *Boston Justice*. Suspey s'envola pour New York, adhéra à l'Association et décida qu'il allait guérir de cette mer démontée qui le taraudait jour et nuit. Il rencontra des chercheurs et réalisa que son tinnitus s'inscrivait dans un développement récent, étrange mais cohérent, de ce trouble auditif : il y avait désormais des aboiements de chiens, mais d'un chien précis ; des moteurs de voiture, mais d'une voiture donnée ; des mots prononcés par une voix, mais la voix d'une personne connue ; une sonnerie de téléphone, mais d'un certain téléphone... La relation entre l'acouphène et la mémoire du patient était palpable. Et d'autant plus qu'il apparut rapidement que ce son intempestif était toujours lié à une source sonore qui avait disparu ou que le patient n'avait plus écoutée depuis longtemps dans le monde réel.

Pour la recherche de pointe, cet « enrichissement » des acouphènes n'était pas le bienvenu : il semblait réintroduire dans le phénomène une dimension psychologique, voire psychanalytique, dont on s'était presque débarrassé au profit d'une approche mécaniste et neurologique. D'un autre côté, il apportait de l'eau au moulin des chercheurs pour lesquels l'acouphène avait son origine dans le « système central », au cœur du cerveau. Ceux-là faisaient grand cas d'exemples médicaux où l'acouphène n'avait pas disparu en dépit d'un événement radical : la section du nerf auditif.

L'hypothèse explicative la plus prometteuse était fondée sur l'idée que si certains cils vibratiles de l'oreille interne – localisés dans la cochlée et spécialisés dans la réception et la transformation en impulsions électriques de telle ou telle fréquence – étaient abîmés ou déréglés, ils pouvaient alors transmettre au cerveau, de façon chronique, des informations erronées. Scénario voisin : des neurones associés à l'audition pouvaient, pour des raisons mal connues, faire preuve d'une suractivité et, là encore, donner à « entendre » au cerveau des fréquences absentes de l'environnement réel. De même qu'un amputé de la jambe ou du bras est presque toujours victime du syndrome du *membre fantôme* et croit ressentir, de manière effroyablement réaliste, la présence de la jambe ou du bras disparus, les personnes sujettes aux acouphènes percevraient, de façon pathologique, les fréquences que les cellules ciliées endommagées de leur oreille interne ne seraient précisément plus en mesure d'identifier.

L'apparition et la multiplication rapide d'acouphènes complexes, liés à des souvenirs personnels, sans invalider ces hypothèses, les rendaient plus fragiles. Gardèr Suspey refusa de s'intéresser à ces débats. Ce qu'il voulait, c'était guérir. On n'aurait pu trouver meilleur cobaye. Il était prêt à tester tous les nouveaux protocoles qui se présenteraient. Il prit un *shuttle* pour Philadelphie. Au sein de l'Université de Pennsylvanie, le laboratoire de *neuroengineering* du Dr Brian « Brain » Plug avait acquis une réputation internationale. Spécialiste de l'électricité tout autant que du cerveau, Plug était fasciné depuis toujours par l'épilepsie, qui semblait déployer une séquence

classique aux yeux d'un « électricien » –
accumulation, phase critique, décharge foudroyante. Il avait obtenu des résultats brillants
dans la prévision et la prévention des crises.

L'une des techniques qu'il employait avec
le plus de succès était la TMS, la stimulation magnétique transcrânienne. On créait un
champ magnétique modulable au-dessus de la
tête du patient, grâce à de puissants aimants, et
l'on modifiait ainsi l'activité neuronale de telle
ou telle zone du cerveau. En dépit des avancées
stupéfiantes de l'imagerie cérébrale et de la
mesure fine de l'activité électrique du cortex, il
y avait encore dans ces procédures une bonne
part d'empirisme, d'expérimentation brute et
de risque. Cela n'arrêterait pas Gardèr Suspey,
en rage perpétuelle contre les vagues atlantiques qui se brisaient dans son oreille : on avait
en effet découvert que la TMS pouvait affaiblir
et parfois anéantir les tinnitus.

« Voyez-vous, Mr. Suspey, lui dit Brian
Plug, notre cerveau contient 100 milliards de
neurones qui échangent sans cesse entre eux
des signaux électriques, donc des informations,
grâce à un réseau de quelque 100 trillions de
connexions que nous appelons des synapses.

Le cerveau est formidablement dynamique. Il se transforme en permanence. Ces circuits neuronaux sont en perpétuelle reconfiguration. A chaque fois que vous enregistrez un son, une image, un raisonnement, dans votre mémoire, il y a un changement physique dans ce réseau. Les tinnitus, à notre avis, sont causés par un dysfonctionnement sans doute infime dans une zone donnée de ce "chaos ordonné" qu'est le réseau neuronal. » Là-dessus, avec un doux chuintement, la calotte magnétique vint se placer juste au-dessus du crâne de Gardèr. Plug déclencha la séquence des impulsions magnétiques, qui agissent sur l'activité neuronale jusqu'à cinq centimètres de profondeur. Le bruit lié aux décharges électriques était désormais assourdissant et masquait celui de l'acouphène. Gardèr éprouva une sensation de vertige et une petite envie de vomir. La session dura près de 30 minutes. Pendant la soirée et la nuit qui suivirent, le tinnitus était devenu presque inaudible et ressemblait davantage à la faible rumeur marine que l'on entend en plaquant, comme chacun l'a fait dans son enfance, une conque sur l'oreille : Gardèr éprouvait la sensation merveilleuse de respirer librement, de penser librement. Mais le lendemain, en milieu de journée, la côte des Basques et le fracas des vagues étaient de retour.

Il n'avait eu que trois cents mètres à faire sur les pelouses du campus pour retrouver son amie et complice, l'architecte hollandaise Winka Tripledon, fondatrice de la célèbre agence new-yorkaise ArchiMega. Elle passait une bonne partie de son temps à Philadelphie où la retenaient son séminaire d'architecture à l'Université et la phase finale de la construction de la *Franklin Tower*. L'hôtel n'était pas encore ouvert, mais Winka donna à Gardèr une chambre-témoin, « à titre expérimental ». Il trouva l'expression bienvenue, lui parla de son tinnitus et de la TMS. Winka, qui de Rotterdam à New York s'était forgé une immense culture rock, lui dit en riant : « Tu me fais penser à Beck qui chante dans *Nausea* : *"Now I'm a seasick sailor/On a ship of noise"* ! » Elle se souvint qu'un des jeunes architectes de son équipe avait soigné son acouphène avec une plante sauvage assez commune, le *ground ivy*, qu'on appelle en France rondotte, couronne de terre ou herbe de la Saint-Jean. Winka lui indiqua l'adresse d'une bonne herboristerie chinoise à deux pas de Rittenhouse Square. Il se procura des feuilles sèches et de la teinture-mère.

Tard le soir, tout en buvant une infusion de *ground ivy*, Gardèr regardait CNN : il comprit que son mal n'était pas isolé, qu'il avait même beaucoup de chance, dans son malheur, d'entendre le bruit des vagues plutôt que le hennissement mille fois répété d'un cheval en rut, le grincement d'une ancienne balançoire dans Central Park, le vrombissement si particulier d'une Harley Davidson, les cris de douleur d'une épouse qui était morte dans un accident de la route et dont le veuf, depuis peu, entendait les cris en boucle. Quelque chose d'effrayant se dessinait, qui ne laisserait plus la paix aux hommes, qui les conduirait, à défaut d'y porter remède, à la dépression et au suicide. Les témoignages de ces Américains ordinaires, pour certains d'entre eux très jeunes, lui mirent les larmes aux yeux.

La caméra de CNN, embarquée à bord d'un hélicoptère, plongeait ensuite sur la Santa Clarita Valley, juste au nord de Los Angeles. On voyait grandir, au milieu d'une belle nature, les bâtiments immaculés de la

NeuroSystec Corporation, l'une des dix compagnies de recherche médicale fondées par Alfred E. Mann, PDG de la MannKind Corporation. Face au micro de CNN, le président Mann se disait convaincu que le NST–001, un médicament développé par NeuroSystec et actuellement testé en France à l'hôpital Avicenne de Bobigny sur une cohorte de volontaires, viendrait à bout des acouphènes. Grâce à une pompe microscopique, le NST–001 serait livré directement dans la cochlée : là, il réduirait l'hyperexcitabilité de certaines cellules auditives endommagées et, du même coup, supprimerait la cause majeure des tinnitus. Ensuite, la caméra, comme à regret, s'élevait lentement dans l'azur californien, révélant l'ampleur du campus formé par le parc et les laboratoires de la MannKind Corporation.

Gardèr vida sa tasse d'herbe de la Saint-Jean. Le journaliste médical n'avait pas posé au président Mann la question délicate : le NST–001 avait été conçu pour des acouphènes « classiques », caractérisés par des sifflements, des grattements, des bruits d'abeille, pas pour ces tinnitus nouveaux, qui semblaient provoquer chez des gens sains, hier encore pleins d'allant, le genre d'hallucinations auditives que l'on dénotait chez les schizophrènes. Et tandis que Gardèr s'interrogeait sur l'avenir, les grands rouleaux océaniques s'élevaient en murmurant et se brisaient en explosant : il lui semblait qu'il pouvait les voir, comme il les voyait jadis aux malines d'équinoxe ; il n'eût pas été surpris qu'une écume blanche sortît de ses oreilles comme elle sort des naseaux d'un cheval fourbu.

De retour à Londres, il trouva dans son courrier une lettre de la *British Tinnitus Association*, avertie de ses problèmes par l'association sœur américaine. C'était une lettre intelligente, amicale, compatissante. On y citait le Dr David Baguley, le grand homme du Tinnitus au département des neurosciences de Cambridge qui n'hésitait pas à avouer, en dépit de ses connaissances encyclopédiques : « *Tinnitus remains a clinical enigma.* » La BTA, excipant de sa nationalité française, signalait à Suspey que l'Hôpital Européen Georges-Pompidou à Paris recherchait des volontaires pour une étude originale sur les « images sonores » des acouphènes : peut-être pourrait-il tirer profit de cette initiative ?

Gardèr prit rendez-vous avec le Dr Adrien Londera. Le n°1 des acouphènes à Pompidou, qui l'avait longuement « débriefé » au téléphone, l'accueillit avec chaleur : Suspey incarnait pour lui un exemple éclatant de ce phénomène qu'il avait aussitôt baptisé *l'acouphène B.D.*

« Jusqu'ici, lui dit le Dr Londera, les patients avaient le son, et seulement le son. Maintenant, certains ont aussi une image et donc une histoire. J'ai toujours insisté sur la diversité et la complexité des sources de l'acouphène. Vous me dites qu'aux Etats-Unis vous avez testé la stimulation magnétique transcrânienne, avec un bon résultat mais de courte durée. Et que vous regrettez de ne pas avoir essayé les procédures de NeuroSystec. Ecoutez, c'est un peu trop tôt pour ça. De toute façon, le vrai champion des cellules ciliées, de leur traitement intracochléaire et des pompes transtympaniques, c'est Jean-Luc Puel, à Montpellier, un génie de l'oreille interne !

Ce que je vous propose, et cela me semble très approprié pour ces *new tinnitus*, c'est de vous associer à un protocole inédit de TCC, de thérapie cognitivo-comportementale : vous porterez un casque de réalité virtuelle relié à un ordinateur. C'est un nouveau modèle, qui intègre un système d'*eye tracking*, qui vous permet de contrôler et de modifier les contenus visuels par le simple mouvement de vos yeux. Vous affinerez des images, vous modulerez des fréquences, et vous vous approcherez ainsi d'une représentation idéale de votre acouphène. Et c'est cette représentation, par des mécanismes psychiques complexes, qui vous permettra dans un deuxième temps de vous déprendre de lui, de le traiter comme un objet qu'on peut écarter de soi. Parce que vous aurez aussi mieux compris, au terme de cet exercice, la signification profonde, pour vous-même, de votre acouphène. Quelles que soient les lacunes fréquentielles de votre spectre auditif – et nous préciserons cela avec l'audiogramme que je vais vous faire passer – je suis absolument convaincu qu'un *acouphène B.D.* aussi riche et complexe que le vôtre a sa source vive au cœur de votre cerveau, de votre mémoire, au cœur de votre réseau neuronal. »

Le Dr Londera se disait que s'il parvenait à soigner Gardèr Suspey, à faire de son tinnitus une gêne aussi légère et passagère que la démangeaison causée par une piqûre de moustique, il participerait au sauvetage de l'humanité tout entière. Car au fond il était d'accord avec Suspey : si *l'acouphène B.D.* s'emparait progressivement de la population, et si le remède tardait, on verrait les gens se jeter par les fenêtres ou s'étriper les uns les autres, on verrait la folie gagner comme un incendie par temps de mistral.

Saporem depravat venificium

La France n'est pas seulement la patrie du vin et du fromage. Elle est aussi, dans un registre moins prestigieux mais plus limpide, le grand pays de l'eau, de l'eau minérale. Les sources de montagne, les captages artésiens, les résurgences, les stations thermales, dessinent un paysage maternel et salvateur. C'est là, sans doute, la raison majeure du considérable succès – que personne n'attendait, pas même son éditeur – du livre d'Anne-Marie Desplat-Molière : *Acqua Felix, Journal intime d'une Goûteuse d'eau*, Ed. Armand Granit.

On sait que les communautés urbaines, tout autant que les grandes marques du domaine alimentaire, ont aujourd'hui le souci d'apparaître au-dessus de tout soupçon quant à la qualité de l'eau, qu'elle provienne du robinet municipal ou qu'elle soit embouteillée à la source par une compagnie. Le recrutement et la formation de goûteur d'eau sont devenus monnaie courante, tant il est vrai que les analyses physico-chimiques ne donnent jamais que des chiffres bruts, à mille lieues de l'appréciation motivée, subtile et juste d'un palais exercé. Ajoutons qu'il demeure, au tréfonds de nos mémoires, le souvenir des eaux corrompues, des eaux stagnantes, des puits empoisonnés, du bouillon de onze heures : le goûteur, jadis au service des princes, est désormais à l'amont de nos verres et des banquets républicains, anonyme garant de notre bien-être, sinon de notre survie.

Anne-Marie Desplat-Molière donnait enfin un visage – un visage avenant et rebondi – à cette corporation de l'ombre. Elle avait des atouts dans sa manche : à commencer par son époux, Patrick Molière, œnologue réputé, consultant de nombreux vignobles dans le Bordelais et sur les contreforts andins de l'Argentine et du Chili. En outre, pilier du Festival du Livre et du Vin de Saumur, Monsieur Molière disait en riant qu'il ne trempait sa plume que dans le Pétrus. D'une certaine façon, Anne-Marie le défiait dans son ouvrage, plaçant le vin sous le signe de Mars et l'eau, bien entendu, sous le signe de Vénus. Elle se faisait fort d'emprunter au vocabulaire du vin, pour les ondoyer, cent mots qu'on aurait crus à jamais réservés au livre de cave : pourquoi une eau ne serait-elle pas, elle aussi, aérienne, nerveuse, fine, droite, ronde, enveloppée, friande, loyale ou, tout au rebours, plate, mince, décharnée, dure, anguleuse, fermée ? L'auteur ouvrait les voies d'une vraie littérature de l'eau.

Elle offrait enfin ses quartiers de noblesse à une profession qui n'en était pas encore une, réduite jusqu'ici à une légion de bénévoles levée dans les entreprises, les administrations et, plus récemment, parmi les rédactrices de blogs culinaires. Anne-Marie avait fait preuve d'un tel brio et d'une telle précision dans ses tests qu'on avait fini par la réclamer partout. Et par la payer. C'était justice. Du coup, elle avait réussi à changer les règles : elle ne remettait pas en cause la dégustation traditionnelle à 25°, qui permettait une appréciation fine des traces minérales et des composants volatils, mais elle avait exigé la généralisation d'une dégustation à 15°, seule capable, à son avis, de noter ces qualités que les œnologues recherchaient dans le vin ;

en l'occurrence, les impressions capitales de fraîcheur, d'élégance, de brillance et de vivacité.

Elle voyageait, en Europe et dans le monde. De source en source. On l'avait mise à l'épreuve. Elle laissait des jurys sous le choc : elle reconnaissait à l'aveugle non seulement la Chateldon et l'Orezza, la Wattwiller et la Valecrin, la Saint-Georges et la Saint-Géron, la Volvic et la Vittel, la Vernières et la Salvetat, mais encore mille et une eaux venues d'ailleurs, l'Elsenhamn et la Hildon (l'eau du thé de la reine d'Angleterre), la Ty Nant et la Tipperary, la Voos et la Malmberg, la Fiji et la 420 Below (ces deux dernières captées aux antipodes), pour ne citer que les plus connues. Anne-Marie fut à l'origine de la création – sur le modèle du concours du Meilleur Sommelier du Monde – de la Coupe internationale des Goûteurs d'Eau. Elle en fut naturellement la première récipiendaire, lors d'une cérémonie de remise qui se tint en septembre 2009 à l'Hôtel Royal d'Evian. Elle avait choisi, pour les affiches, la fière *Porteuse d'Eau* de Goya, qui est au musée des Beaux-Arts de Budapest : cette jeune femme, bien campée sur ses deux jambes, avec un visage souriant et mafflu, un chignon comme un boulet de canon et qui appuyait sa grande jarre de terre cuite sur sa ceinture bouffante, lui ressemblait de façon frappante. Elle ne l'avait pas remarqué. On le lui dit, pour l'en féliciter.

Le goûteur d'eau, tout comme le dégustateur de vin, prend une gorgée, la fait rouler en bouche pour bien humecter les papilles, la ventile afin de faire remonter les molécules vers le bulbe olfactif, enfin l'expulse dans le crachoir. Sous le titre facile mais efficace « Eau secours ! », Anne-Marie avait composé un étonnant chapitre sur ses expériences les plus redoutables : la dégustation d'eaux gâtées par des inondations, des pollutions chimiques ou tout simplement par le laisser-aller général qui régnait dans certaines communes. Elle avait mis au point une palette d'odeurs types qui, à elles seules, semblaient interdire le test buccal : urine de chat, punaise écrasée, purin d'orties, crottin, crotte de chien, vinasse, W.C. à la turque, œuf pourri, lait pourri, poisson pourri, caoutchouc brûlé, fourrure brûlée, marécage, égout, lieux d'aisance… la liste comportait 34 entrées. Mais Anne-Marie considérait que s'il n'y avait pas danger avéré, le goûteur devait goûter à toutes les eaux, quitte à jurer, quitte à hurler, quitte à s'évanouir. Elle avait, comme les goûteurs impériaux, le sens du devoir et du sacrifice.

Cela lui fit une réputation. On la vit beaucoup à la télévision. Sur la désinfection de l'eau par le *flocalu* et sur les liens entre traces d'aluminium et développement de la maladie d'Alzheimer, elle sonna le tocsin à une heure de grande écoute. Elle fut invitée à l'Elysée et monta dans le train du « Grenelle de l'Environnement ». *Acqua Felix*, qui s'était déjà vendu à 250 000 exemplaires, reçut le Grand Prix du Développement durable. Anne-Marie Desplat-Molière était riche, désormais. Elle créa la « Fondation Acqua Felix pour la Pureté de l'Eau », qui permit la multiplication des filets à nuages dans les régions arides de la planète, à l'exemple de ce qui s'était fait à Chungungo, au nord du Chili.

La *dysgueusie* la frappa comme la foudre. Elle était à Saint-Ciergues, faubourg de Langres, sur le Lac de la Mouche. En pleine dégustation. Entourée du maire et des édiles. Sous les applaudissements, on lui tendit un verre. L'eau venait tout droit du lac. Elle lui trouva un goût de loukoum à la rose. Elle ne put s'empêcher de rire. Elle demanda la carafe, plongea son nez dans l'encolure, et le parfum floral la surprit à nouveau. On l'observait, suspendu à ses lèvres. Elle ne savait que dire, que faire. Elle alla vers la berge, se mit à genoux dans l'herbe, prit de l'eau dans ses mains, la fit rouler dans sa bouche, la cracha discrètement. Goût et parfum avaient évolué : la rose laissait place à la noix de coco, le sucre était toujours très présent sur la langue. Maintenant, elle rougissait. Elle se releva, s'avança vers le premier magistrat qui tortillait les trois couleurs de son écharpe, et lui dit : « Monsieur le Maire, la première gorgée m'a révélé une eau si exceptionnelle pour un lac de retenue, que j'ai voulu vérifier à la source, si j'ose dire, mes premières impressions. Elles ont été brillamment confirmées. Je donnerai sans l'ombre d'une hésitation trois rubans bleus au Lac de la Mouche dans mon prochain guide. » On applaudit. Elle avait improvisé, elle avait menti. Mais elle n'avait pas le choix. Comment avouer que le nez, que le palais, que la langue de la grande prêtresse de l'eau pure « déconnaient à plein tube » ? C'était l'expression familière qui lui était venue à l'esprit et elle disait bien ce qu'elle voulait dire. Elle ne mettait pas encore de nom sur ce qui lui arrivait mais de sombres nuages encombraient l'horizon.

Comme tous les goûteurs, Anne-Marie avait suivi quelques cours de physiologie. Elle se souvenait vaguement de ces quelques centaines de papilles, localisées sur la langue et accessoirement au palais, au pharynx, à l'épiglotte. Elle avait gardé en mémoire leurs noms plaisants : les fongiformes, les filiformes et les circumvallées. Cela sonnait, se disait-elle, comme des familles de lutins dans un conte de fées. Elle savait encore que les cellules neuro-épithéliales de ces papilles se renouvelaient toutes les deux semaines : ce dispositif ne l'avait jusque-là jamais trahie, il fonctionnait avec une précision qui avait fait d'elle la « reine du palais » et rien ne lui semblait plus solide et digne de confiance que le sens du goût. L'odorat, c'était autre chose. Elle le savait plus fragile, plus instable. Elle connaissait des malheureux qui, l'ayant tout à fait perdu, pleuraient dans les alcôves et les jardins et d'autres qui, l'ayant développé à la hauteur de certains animaux, préféraient la solitude à la compagnie et le désert à tout. Anne-Marie se disait parfois que son métier de goûteuse, en donnant un sens et une direction à ses dons, lui avait épargné le sort de ces anachorètes du flair. Elle avait le nez grand, dégagé, humide : sa capacité de rétro-olfaction, essentielle pour l'analyse des flaveurs, était considérable. « D'un verre d'eau, disait-elle, mon œnologue de mari tire un accord, et moi, une mélodie. »

Ce talent mondialement reconnu – des compagnies des eaux canadiennes et américaines l'avaient récemment sollicitée – semblait s'évanouir d'un coup ou plutôt, chose bien pire, se métamorphoser en une sensation grotesque et trompeuse. Elle regagna précipitamment la Charente et son domaine de Trotte-Renard que traversaient les eaux vives du Bandiat, rivière à truites. Dans le TGV qui la ramenait à Angoulême, elle croisa un voyageur qui sentait le lièvre, un autre la mangue, un autre encore le lisier. Elle alla vomir dans les toilettes et voulut un instant mourir. De retour à Trotte-Renard, elle prit dans le rafraîchissoir de sa grande armoire à vins un Château Suduiraut 1999 qu'elle y avait placé l'avant-veille : la robe du Sauternes, d'un jaune doré, virait doucement à l'ambre. Elle aimait sa finale d'épices et de miel, rehaussée d'un peu d'écorce d'orange. Elle déboucha la bouteille en tremblant : une odeur écœurante de poire blette et de patchouli l'enveloppa. Elle porta le verre à ses lèvres mais ne put aller au-delà d'une première gorgée. En dépit de sa fraîcheur, le vin lui donna la sensation d'un affreux mélange de sirop d'orgeat, de beurre rance et de parfum flétri.

Elle prit rendez-vous, à Bordeaux, avec le Pr Albert Philippart, premier ORL de la ville. Elle trouva que son cabinet sentait l'étable et réussit à ouvrir discrètement la fenêtre. Le médecin – dont l'odeur forte lui rappela celle des tanneries d'Annonay – constata la dysgueusie, souvent proche de la cacosmie et l'anosmie, qui tendait parfois à l'hyperosmie. Il élimina toute cause iatrogène : Anne-Marie était éclatante de santé et ne prenait aucun médicament. Des examens ultérieurs éliminèrent, autant que faire se peut, toute cause neurologique. « Madame, lui dit-il, mes collègues et moi-même recevons, depuis quelques semaines, des centaines de personnes qui sont frappées, comme vous, par un profond dérèglement du goût et de l'odorat. Elles en éprouvent une grande gêne. Mais pour vous, je le conçois bien, c'est un cataclysme. Madame Desplat-

Molière, vous êtes, à votre façon, une star, un personnage public. Dans votre cas, le secret médical ne pourra tenir. Si je peux me permettre, prenez les devants, parlez de cette épreuve dans les médias, à la télévision : vous aiderez beaucoup, psychologiquement, ceux qui sont ou seront frappés. Notre espoir, à nous autres spécialistes, c'est que ce phénomène étrange – jadis limité à de rares cas médicalement explicables – régressera et disparaîtra aussi mystérieusement qu'il est survenu. »

Le Pr Philippart fut entendu. Mais sans doute pas comme il l'aurait souhaité. Anne-Marie était à ce point tourmentée par sa dysgueusie qu'elle se mit en tête, malgré tous les discours de son mari pour l'en dissuader, qu'un sort puissant avait été jeté sur elle par des créatures mal définies, mais qui ressemblaient, par un curieux retour de la mythologie, aux divinités mineures des rivières. Elle s'était souvenue que dans la Gaule chevelue, qui survivait plus encore à travers ses eaux qu'à travers ses bois, il n'était pas de source ou de résurgence, de lac ou de ruisseau, qui n'eût son idole particulière : Sequana dans sa barque, Segeta dans sa grotte, Damona portant le serpent qui guérit…

Elle se faisait un roman : des sorcières, ou plutôt des « dormeuses » comme on en trouve encore dans certains villages du Grand Ouest, avaient lancé contre elle des imprécations dictées en songe par ces divinités offusquées. Anne-Marie s'accusait en effet d'avoir cédé à *l'ubris* et de s'être érigée sans vergogne en déesse des eaux, elle qui prétendait dévoiler, selon ses propres mots, « la face cachée de la transparence ». Elle retourna sur les plateaux de la télévision où des cyniques la poussaient, sourire aux lèvres, dans les derniers retranchements de ses fadaises. Sans l'avoir voulu, elle s'était vengée d'eux. « Pour moi, monsieur, à l'instant où je vous parle, et c'est une chose terrible, vous sentez la pisse de chat, et vous, madame, pardonnez-moi, l'anchoïade et vous monsieur, la souris morte… Croyez-vous que la vie en société soit encore possible pour moi, quand vous saurez aussi que le croissant du matin a le goût de la viande avariée, que l'entre-côte du déjeuner exhale un parfum de violette ou que l'omelette du dîner a l'amertume d'un mauvais café ! » Fixant les téléspectateurs, elle avait supplié, les larmes aux yeux, qu'on lui trouvât quelque part un leveur de sorts.

TABLE

Cet ouvrage a été composé par IGS-CP
à L'Isle-d'Espagnac (16)